Horst Schwarz

Märchen zum Mitmachen

Vorlesen – Erzählen – Singen

Orell Füssli

Die Märchen dieses Bandes sind überlieferte Volksmärchen, die vom Buchautor kindgemäß überarbeitet und neu erzählt werden. Dabei wurden die Märchenmotive der Erzählungen zum Teil beibehalten. Die Erzähltexte sind angereichert mit Sprechversen und Liedern für den Adressatenkreis der vier- bis zehnjährigen Kinder.

Abbildungen: Maximilian Knötzinger
Umschlag: H. + C. Waldvogel, Zürich
Satz und Druck: B&K Offsetdruck GmbH, Ottersweier
Einband: Großbuchbinderei Spinner, Ottersweier
Printed in Germany
ISBN 3 280 02041 7

Vorwort

Märchen waren zu allen Zeiten und in allen Kulturen ein wichtiges und interessantes Volksgut.
Nach Jahren der Unsicherheit und Ablehnung hat man sich heute wieder der wohltuenden Atmosphäre des Erzählens erinnert.
Wer mit Kindern zusammen ist, weiß, wie sehr sie sich im Zeitalter der vielfältigen Medien wieder mehr nach persönlicher Zuwendung sehnen, wie sie sich anlehnen möchten an Erwachsene, die ihnen Zeit, Aufmerksamkeit und Geborgenheit schenken.
Vorlesen, Erzählen und Singen – im großen wie im kleinen Kreis – ist eine Möglichkeit, diesem kindlichen Verlangen entgegenzukommen.
Gibt es für ein Kind etwas Schöneres, als mit Menschen zusammenzusitzen, zuzuhören, selbst zu erzählen oder in seinen Gedanken zu träumen?
Dieses Buch soll Eltern und Pädagogen anregen, Kindern im Alter ab vier Jahren ausgesuchte Volksmärchen aus aller Welt zu vermitteln.
Die Geschichten dieses Buches sind alte Volkserzählungen, die dem Märchengut vieler Völker entnommen wurden.
Dabei wurden die überlieferten Motive beibehalten, jedoch in kindgemäßer Form neu erzählt. Alle Geschichten sind mit Versen zum Mitsingen oder Mitsprechen angereichert, so daß die jungen Zuhörer aktiv an den Erzählungen teilhaben können.
Auf Wunsch vieler Eltern und Pädagogen, die die so gestalteten Märchen gerne vermitteln möchten, wurde dieses Buch zusammengestellt.
Die fotografischen Abbildungen im Text sind lediglich als Anregungen zu Gesten gedacht, die die Erzählungen und Lieder begleiten können.
Erzähler und Kinder können diese Ideen zur lebendigen Mitgestaltung der Märchen aufgreifen und weitere erfinden.
Allen, die an diesem Buch mitgeholfen haben, sei an dieser Stelle herzlich gedankt:
Max Knötzinger für die Zeichnungen und Fotos; den **Kindern** und **Erzieherinnen** aus den Kindergärten Egloffstein, Gräfenberg, Kirchehrenbach, Weilersbach und Wiesenthau für das Gestalten der Titelbilder zu den einzelnen Märchen; ebenso dem Kindergarten Erlangen, An der Lauseiche und Nürnberg, Cuxhavener Straße, für die Erlaubnis zum Fotografieren in ihren Einrichtungen.

Horst Schwarz

Inhalt

1.

DIE FÜNF FINGER

Ein holländisches Märchenmotiv

Die vier Finger LICKEPOT, LANGE JAN, RINGELING und das KLEINE DING erleben auf einem Frühlingsausflug ein tolles Abenteuer.
Während sie Honig aus einem Bienenkorb lecken, kommt ein Bär und will sie fressen.
Doch das KLEINE DING schlägt vor, auch noch den fünften, den DÄUMELOT, zu holen, weil er der Dickste und der Leckerste ist.
So läßt der Bär sie ziehen, um den Dicken zu holen.
Weil DÄUMELOT aber der schlaueste Finger ist, können sie gemeinsam den Bären überlisten.

Das ist meine Hand.
Da sitzen fünf Finger dran.
Wollt ihr wissen, wie sie heißen?
Däumelot, Lickepot, Lange Jan, Ringeling
und das Kleine Ding.

An einem wunderschönen Frühlingsmorgen, die Sonne scheint, die Vögel singen, da wollen die vier Freunde – also Lickepot, Lange Jan, Ringeling und das Kleine Ding – einen Spaziergang unternehmen. So rufen sie dem Däumelot zu: «He, Däumelot, gehst du mit uns spazieren?» Aber der Däumelot sagt: «Nee, geht ihr mal allein. Ich hab' noch so viel zu tun!»
Da machen sich die vier Freunde also ohne den Däumelot auf den Weg.
Nach einer Weile kommen sie an ein großes Wasser. «Oh», rufen die vier, «da ist ja ein großes Wasser.»
«Wie kommen wir da nur hinüber? – Wer ist der längste von uns? He, Lange Jan! Du bist der längste. Reck dich mal ganz hoch hinaus! Vielleicht kannst du sehen, wie wir über's Wasser kommen!»
Der Lange Jan reckt und reckt sich. «Ja», ruft er, «ich sehe was. Da hinten liegt ein Boot!»
Da laufen die vier Freunde zu dem Boot, springen hinein und rudern über das Wasser.
Drüben machen sie das Boot fest und kommen auf eine wunderschöne Wiese. Auf der Wiese blühen Blumen und stehen viele, viele Apfelbäume.
Da hören sie auf einmal: «Bsss, bsss, bsss!»
Ja, das sind Bienen. Die Bienen sammeln Honig ein und bringen ihn zu einem Bienenkorb, der mitten auf der Wiese steht.
«Oh, Honig!» ruft der Lickepot. «Ich bin verrückt auf Honig! Kommt, wir wollen Honig lecken!»
Und dann stürzen sich die vier in den Honig hinein.

«Hmm, schmeckt das gut!» ruft der Lickepot begeistert,

und der Lange Jan: «Hmm!»

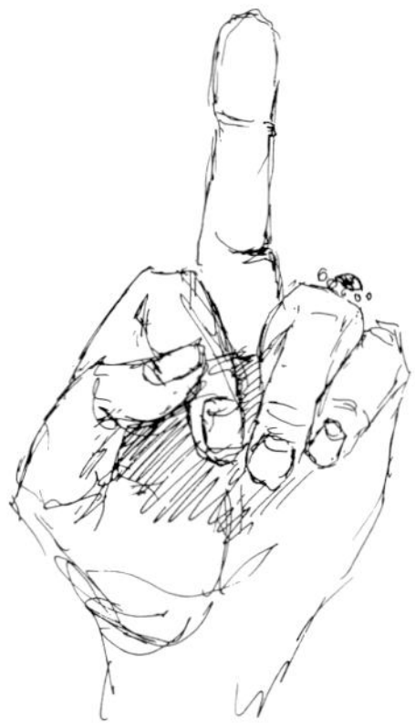

und Ringeling: «Hmm!»

und das Kleine Ding: «Hmm!»

«Schmeckt das gut!!!» rufen alle zusammen.

Die vier Freunde sind so eifrig am Honiglekken, daß sie gar nicht merken, daß plötzlich ein großer brauner Bär hinter ihnen steht. «Was!» ruft der Bär. «Ihr seid am Honiglecken. Meinen Honig! Ich werd' euch auflecken!»

«Wart, wart, wart, Herr Bär,» ruft da das Kleine Ding. «Wir sind nämlich sonst zu fünft. Aber der Dickste und der Leckerste – der Däumelot – der ist noch zu Haus. Sollen wir den auch noch holen?»

«Hmm», brummt der Bär, «der dickste und der leckerste von euch ist noch zu Haus? Na gut, dann geht und holt ihn!» Da machen sich die vier Freunde auf den Weg. Sie laufen, so schnell sie nur können, über die Wiese zurück ans Wasser, springen in das Boot und rudern auf die andere Seite. Drüben machen sie das Boot wieder fest und laufen zum Däumelot. Von weitem rufen sie schon aufgeregt durcheinander: «Däumelot, Däumelot, Däumelot!»

«Still», sagt der Lickepot, «ich will erzählen! Also, wir waren auf einer großen Wiese. Da stand ein Bienenkorb mit süßem Honig.»

«Ja», ruft der Lange Jan, «und als wir gerade am Honiglecken waren, da kam ein großer brauner Bär, der wollte uns alle auffressen.» – «Und da hat das Kleine Ding gesagt», ruft ganz aufgeregt Ringeling, «du, Däumelot, du wärst der Dickste und der Leckerste, und wir sollten dich auch noch holen!» – «Ja», sagt das Kleine Ding, «das hab' ich doch nur gesagt, weil ich glaube, du bist der schlauste von uns.»

«Ja, das stimmt,» sagt der Däumelot, «dann kommt mal mit!» Nun gehen sie zu fünft los. Sie kommen an das Wasser, steigen in das Boot und rudern hinüber, aber ganz ruhig,

damit der Bär das Plätschern des Wassers nicht hört.
Drüben machen sie das Boot fest und schleichen über die Wiese zum Bienenkorb. Da sitzt der Bär und schläft. «Psst», sagt der Däumelot, «jetzt schleichen wir uns ganz nah heran, machen eine feste Faust, geben dem Bären einen Schlag auf die Nase und rufen:

«Baff!»

«Hier sind wir!»

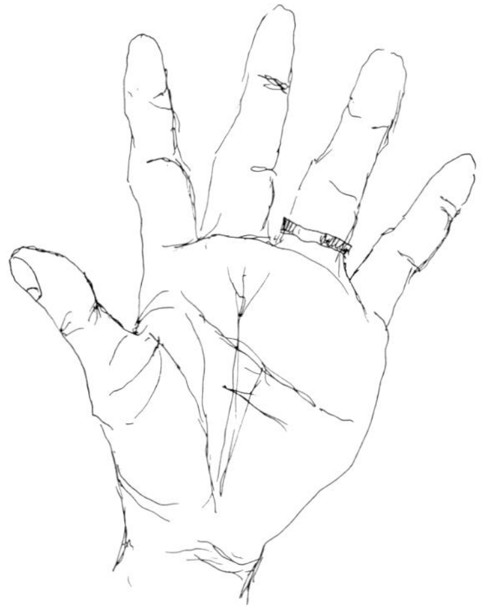

Da kriegt der Bär einen solchen Schreck, daß er aufspringt, davonläuft und nie mehr gesehen ward.
Ja, Kinder, so seht ihr: Der Kleinste kann oft der Klügste sein, und zu fünft kann man mehr tun als einer allein!

2.

DER KÖNIGSSOHN UND DAS KÄTZCHEN

Ein osteuropäisches Märchenmotiv

Ein König will seine drei Söhne verheiraten.
Er schickt sie in verschiedene Richtungen zur Brautsuche.
Während die beiden Ältesten einen leichten Weg haben,
muß der Jüngste in den Wald hinein.
Hier findet er ein Kätzchen und ist bereit, es zur Frau zu nehmen.
Der König will nun von jeder Braut einen
Blumenstrauß haben und ein schönes Kleid sehen.
Für die beiden Ältesten ist dies eine leichte
Aufgabe. Aber auch der Jüngste kann mit Hilfe des Kätzchens
das Gewünschte bringen.
Als der König die Bräute sehen will, verwandelt sich
das Kätzchen in eine schöne Prinzessin,
weil der Königssohn es durch seine Liebe erlöst hat.

Vor langer Zeit lebte einmal ein König in einem fernen Land. Der König hatte drei Söhne, die wollte er gerne verheiraten. So sprach er eines Tages: «Ziehet hinaus in die Welt und sucht euch eine Frau!» Damit sie nicht in die gleiche Richtung gingen, rupfte er von dem großen Baum vor dem Schloß drei Blätter ab, warf sie in die Luft und sprach: «Wo die Blätter hinfliegen, sollt ihr hinziehen!» Da flog das Blatt des ältesten Sohnes auf einen breiten Weg, das andere Blatt flog auf eine Wiese, doch das Blatt des jüngsten Sohnes flog in die Richtung eines dichten Waldes.

Da machte sich der eine auf den Weg, der andere sprang über die Wiese, und der Jüngste ging langsam in den Wald hinein. Er ließ den Kopf hängen und war sehr traurig, denn wie sollte er im Wald eine Braut finden? Nachdem er eine Weile gegangen war, begegnete ihm ein kleines Kätzchen. Das Kätzchen schaute ihn freundlich an und sprach: «Warum schaust du so traurig aus? Was bekümmert dich?»

Da erzählte der Königssohn, sein Vater habe ihn und seine beiden Brüder losgeschickt, eine Frau zu suchen. «Sei nicht traurig», sagte das Kätzchen. «Ich will deine Frau werden!» Das Kätzchen sah ihn so lieb und freundlich an, daß der Königssohn versprach, es zur Frau zu nehmen. So ging er wieder zurück in das Schloß des Vaters. Seine beiden Brüder waren auch schon da, und jeder rühmte sich, die schönste Braut gefunden zu haben. Der Jüngste sprach nicht viel, denn wie sollte er zugeben, daß er nur ein kleines Kätzchen gefunden hatte.

Nach einer Weile befahl der König, jeder solle von seiner Braut einen schönen Blumenstrauß bringen. Da zogen die beiden älteren Brüder freudig davon, aber der Jüngste erschrak sehr, denn wie sollte er von einem Kätzchen einen Blumenstrauß erhalten.

So ging er langsam und traurig in den Wald hinein. Auf einer Waldlichtung saß das kleine Kätzchen und schnurrte ihn freundlich an: «Nun, mein Bräutigam, warum machst du denn so ein betrübtes Gesicht? Komm und sage mir, warum du so traurig bist!»

«Wie sollte ich nicht traurig sein», seufzte der Königssohn, «wo wir doch von unserem Vater, dem König, den Auftrag bekamen, jeder solle einen Blumenstrauß von seiner Braut heimbringen. Und wie kann ich von einem Kätzchen einen Blumenstrauß bekommen?»

Da sprach das Kätzchen:

«Du darfst mir ruhig vertraun,
komm, leg dich unter diesen Baum!»

Nachdem der Königssohn sich hingelegt hatte, fing das Kätzchen mit zarter Stimme zu singen an:

Als der Königssohn eingeschlafen war, kratzte das Kätzchen an dem Baum und sang mit gleicher Stimme (Melodie wie oben):

«Kritze kratze, kritze kratz,
komm, hilf mir, kleine schwarze Katz!»

Da sprang aus dem oberen Geäst des Baumes eine kleine schwarze Katze herunter und brachte viele schöne bunte Blumen mit. Als der Königssohn erwachte, war er sehr erstaunt. Er nahm den schönen Strauß, bedankte sich bei dem Kätzchen und machte sich auf den Weg nach Haus. Seine beiden Brüder waren auch schon da, und jeder hatte einen Blumenstrauß von seiner Braut mitgebracht. Dem König gefiel jeder Strauß, aber am allerbesten der des jüngsten Sohnes. Nun wurde der König neugierig und wollte wissen, wer die Braut sei? Aber der jüngste Sohn behielt sein Geheimnis für sich und schwieg. Nachdem wieder eine Weile vergangen war, sprach der König zu seinen Söhnen: «Geht und bringt mir ein Kleid von eurer Braut!»
Da zogen sie los. Doch der Jüngste erschrak gar sehr, denn wie sollte er von einem Kätzchen ein Kleid bekommen? Traurig und mit hängendem Kopf ging er in den Wald hinein. Auf der Waldlichtung erwartete ihn schon das Kätzchen und sprach:
«Nun, mein Bräutigam, warum machst du denn so ein betrübtes Gesicht? Komm und sage mir, warum du so traurig bist!» – «Wie sollte ich nicht traurig sein», seufzte der Königssohn, «wo wir doch von unserem Vater, dem König, den Auftrag bekamen, jeder solle ein Kleid von seiner Braut heimbringen. Und wie kann ich von einem Kätzchen ein Kleid bekommen?»

Da sprach das Kätzchen:

«Du darfst mir ruhig vertraun,
komm, leg dich unter diesen Baum!»

Nachdem der Königssohn sich hingelegt hatte, fing das Kätzchen mit zarter Stimme wieder an zu singen (Melodie wie oben):

«Schlafe, schlafe, schlafe schön,
dein Wunsch wird in Erfüllung gehn!»

Und als der Königssohn wieder eingeschlafen war, kratzte das Kätzchen an dem Baum und sang mit gleicher Stimme (Melodie wie oben):

«Kritze kratze, kritze kratz,
«komm, hilf mir, kleine schwarze Katz!»

Da sprang aus dem oberen Geäst des Baumes die kleine schwarze Katze herunter und brachte ein Kleid mit, das war aus Gold- und Silberfäden gewebt und mit Diamanten besetzt.
Als der Königssohn erwachte, war er sehr erstaunt. Er nahm das wunderschöne Kleid, bedankte sich bei dem Kätzchen und machte sich auf den Weg nach Haus. Seine beiden Brüder waren auch schon da, und jeder hatte ein schönes Kleid von seiner Braut mitgebracht. Dem König gefiel jedes Kleid, aber am allerbesten das des jüngsten Sohnes. Nun wurde der König immer neugieriger und wollte endlich wissen, wer die Braut sei? Aber der jüngste Sohn behielt sein Geheimnis für sich und schwieg.
Da sprach der König: «Geht und bringt eure Bräute ins Schloß! Nun will ich sie selber sehen!»

Da zogen die beiden Ältesten fort, um ihre Braut zu holen und dem Vater vorzustellen. Der Jüngste aber ging traurig in den Wald hinein. Wie sollte er dem Vater sagen, daß seine Braut nur ein Kätzchen war?
Als er auf die Waldlichtung kam, wartete das Kätzchen schon auf ihn und sprach: «Nun mein Bräutigam, warum machst du so ein betrübtes Gesicht? Komm und sage mir, warum du so traurig bist!»
«Wie sollte ich nicht traurig sein?» seufzte der Königssohn, «wo wir doch von unserem Vater, dem König, den Auftrag bekamen, jeder solle seine Braut ins Schloß führen. Aber wie kann ich ein Kätzchen als Braut heimbringen?» Da sprach das Kätzchen:

«Du darfst mir ruhig vertraun,
komm, leg dich unter diesen Baum!»

Nachdem der Königssohn sich wieder unter den Baum gelegt hatte, fing das Kätzchen mit zarter Stimme an zu singen (Melodie wie oben):

«Schlafe, schlafe, schlafe schön,
dein Wunsch wird in Erfüllung gehn!»

Der Königssohn beschloß, diesmal wach zu bleiben, um mit eigenen Augen sehen zu können, welch wunderbare Dinge sich hier immer taten. Aber der Gesang hatte ihn wieder so betört, daß seine Augen schwer wurden und zufielen.
Als er eingeschlafen war, kratzte das Kätzchen wieder am Baum und sang (Melodie wie oben):

«Kritze kratze, kritze kratz,
komm, hilf mir, kleine schwarze Katz!»

Da sprang aus den oberen Ästen des Baumes wieder die kleine schwarze Katze herunter, und als diese den Erdboden berührte, verwandelte sich der Baum in ein großes Schloß und das Kätzchen in eine wunderschöne Prinzessin.

Der Königssohn hatte von all den Wundern, die sich rings um ihn ereigneten, nichts bemerkt.
Als er jetzt die Augen aufschlug, stand vor ihm eine liebliche Prinzessin und sprach: «Ich bin dein Kätzchen, das du zur Frau gewählt hast. Weil ich hochmütig und stolz war, hat mich eine böse Zauberin verflucht. Ich mußte so lange als Katze leben, bis einer bereit war, mich auch in dieser Gestalt zur Frau zu nehmen. Du hast mich erlöst, und der Zauber hat ein Ende. Nun können wir Hochzeit feiern.»
Da sprang der Königssohn überglücklich auf, herzte und küßte seine Braut und freute sich über alle Maßen. Die kleine schwarze Katze, die dreimal geholfen hatte, war niemand anders als die treue Dienerin der Prinzessin, die gleichfalls verzaubert gewesen war und nun auch wieder ihre menschliche Gestalt annehmen durfte.

Draußen vor dem Schloß fuhr eine prächtige Kutsche vor, und so ging es heimwärts in des Vaters Schloß.
Dort feierten sie dann ein großes Hochzeitsfest.

3.

DIE RABEN LERNEN LAUFEN

Ein orientalisches Märchenmotiv

Am Anfang der Welt, als Gott Menschen und Tiere
erschaffen hatte, ließ er ihnen durch Engel zeigen,
wie jeder am besten auf der Erde zurechtkommen kann.
Doch leider hatte ein Engel vergessen,
die Raben das Laufen zu lehren.
So bitten die Raben also
einen kleinen grauen Vogel,
eine dicke Gans
und den stolzen Hahn,
ihnen doch zu zeigen, wie sie am besten laufen können.
Allerdings üben sie heute immer noch!

Vor unendlich langer Zeit, als Gott die Erde, die Sonne, den Mond – aber auch die Menschen, die Tiere und die Pflanzen erschaffen hatte; da sah er, daß alles sehr, sehr gut war. Nun brauchte er nur noch Engel auf die Erde zu senden, die den ersten Menschen und Tieren zeigen sollten, wie sie sich auf der Erde am besten zu verhalten hätten.

So schickte er also auch einen Engel zu den Vögeln. Er zeigte ihnen das Fliegen und wie sie Nester bauen und Futter finden können. Als der Engel nun alles erklärt hatte, wollte er wieder in den Himmel zurückfliegen. Da kamen die Raben und riefen:

«Kra, kra, kra!
Wart ein Weilchen und bleib da!»

Der Engel schaute die Raben verwundert an und sprach: «Was schreit ihr denn so, fehlt euch noch was?» «Kra, kra, kra», riefen die Raben, «du hast uns zwar gezeigt, wie wir fliegen sollen, Futter finden und auch Nester bauen können; aber du hast uns nicht gezeigt, wie wir laufen müssen!» – «Ihr müßt laufen wie alle anderen auch», sagte der Engel, drehte sich um und flog zurück in den Himmel, ohne sich weiter um das Geschrei der Raben zu kümmern.

Da hockten die Raben nun und schauten sich ratlos an. Fliegen konnten sie ja ganz gut. Aber wie sollten sie auf dem Feld spazierengehen?

Wie sie nun gemeinsam nachdachten, kam ein kleiner grauer Vogel daher, und siehe da, der konnte nicht nur fliegen, der konnte auch laufen.

«He, du kleiner Vogel!» riefen die Raben. «Kannst du uns vielleicht helfen?» Der kleine graue Vogel fühlte sich sehr geschmeichelt, daß er von den großen Raben um Hilfe gebeten wurde. «Ja!» rief er. «Was kann ich für euch tun?» «Ach bitte», riefen die Raben, «zeige uns doch, wie man am besten laufen kann!» Da flog der kleine Vogel auf das Feld, hüpfte auf seinen kurzen Beinen hin und her und sang: «Hüpfen, hüpfen...» (Lied unten). Und dabei hüpfte er leichtfüßig auf dem Feld umher, machte eine kurze Verbeugung und flog davon.

Da stellten sich die Raben alle nebeneinander und versuchten es genauso zu machen, wie es ihnen der kleine graue Vogel gezeigt hatte. Dabei hüpften sie hin und her und sangen:

«Hüpfen, hüpfen, schaut nur her,
so wird es gemacht!
Eins und zwei, das ist nicht schwer.
Wäre doch gelacht!»

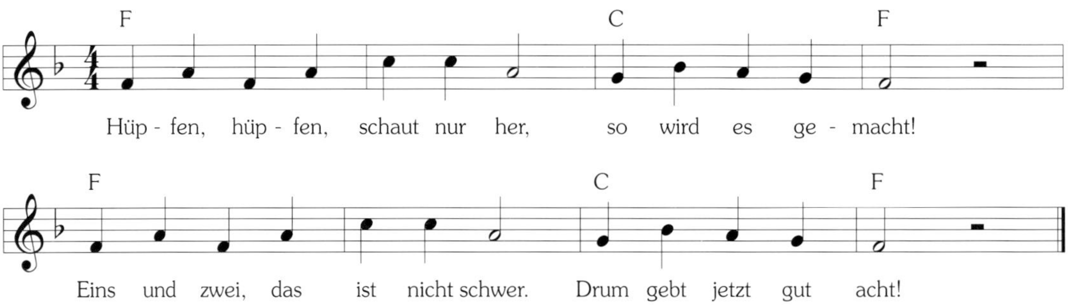

Das sah so lustig aus, daß eine dicke Gans, die gerade vorbeiwatschelte, sich den Bauch halten mußte vor Lachen.
«Ja, was macht ihr denn da?» rief die Gans.
«Wir laufen, wir laufen!» antworteten die Raben.
«Aber so läuft doch kein großer Vogel», sprach die Gans, «ihr hüpft ja wie kleine graue Vögel. – Schaut her! Ich will euch zeigen, wie ihr laufen müßt!»
Dabei stellte sie ihre kurzen platten Füße nach außen, schwang ihren dicken Bauch hin und her und schnatterte:

«Watschel, watschel, schaut nur her,
so wird es gemacht!
Eins und zwei, das ist nicht schwer.
Drum gebt jetzt gut acht!»

Und dabei wackelte die Gans über das Feld davon. Also stellten sich die Raben wieder in einer Reihe auf und versuchten so zu laufen, wie es ihnen die Gans gezeigt hatte. Dabei wackelten sie hin und her und sangen:

«Watschel, watschel, schaut nur her,
so wird es gemacht!
Eins und zwei, das ist nicht schwer.
Wäre doch gelacht!»

Wie sie nun so in einer Reihe übers Feld wakkelten, kam ein bunter Hahn daherstolziert. Als er die Raben bei ihren Laufübungen sah, mußte er so lachen, daß er kaum noch «Kikeriki» schreien konnte.
«Ja, was macht ihr denn da?» rief der Hahn und plusterte sich mächtig auf. – «Wir lernen laufen», antworteten bescheiden die Raben.
«Aber ihr seid doch keine dicken Gänse, die vor lauter Fett von einer Seite auf die andere wackeln müssen», rief der Hahn. «Ich will euch zeigen, wie ihr laufen müßt.»
Dabei stolzierte er übers Feld und sang:

«Bein hoch, Bein hoch, schaut nur her,
so wird es gemacht!
Eins und zwei, das ist nicht schwer.
Drum gebt jetzt gut acht!»

Dann schritt er eilig weiter. Also stellten sich die Raben wieder in einer Reihe auf und versuchten es genauso zu machen, wie es ihnen der Hahn gezeigt hatte. Dabei hoben sie ihre Beine bis unter den Bauch und sangen:

«Bein hoch, Bein hoch, schaut nur her,
so wird es gemacht!
Eins und zwei, das ist nicht schwer.
Wäre doch gelacht!»

Und das Ende der Geschichte
ich ganz schnell euch jetzt berichte!
Denn sie üben immer noch:
hüpfen,
watscheln,
Beine hoch!

4.

DER ZIEGENHIRT UND DIE STOLZE PRINZESSIN

Ein deutsch-russisches Märchenmotiv

Eine stolze Prinzessin will nur den heiraten,
der ein Rätsel zu lösen vermag.
Nachdem kein Prinz des Rätsels Lösung findet,
versuchen drei Bauernsöhne ihr Glück.
Dabei gelingt es dem Jüngsten, dem dummen Hannes,
mit Hilfe einer Laute und ein bißchen Bauernschläue,
die Prinzessin zu überlisten.
Er läßt als Ziegenhirt die Ziegen zur Laute tanzen.
Als die Prinzessin eine tanzende Ziege haben möchte,
muß sie mit den Ziegen tanzen und den Rock hochheben.
Dabei entdeckt Hannes – zufällig – des Rätsels Lösung.

Es war einmal ein König, der hatte eine schöne Tochter. Sie war aber eingebildet und stolz und trug die Nase recht hoch. Als sie nun ins heiratsfähige Alter gekommen war, wollte sie keinen Prinzen zum Manne nehmen, denn sie hatte an jedem etwas auszusetzen. Und um sie alle abzuschrecken, ließ sie bekanntgeben, sie wolle nur den zum Manne nehmen, der ein Rätsel zu lösen vermag. Wer dies aber nicht schafft, der würde ins dunkle Verlies des Schlosses gesperrt.

Da kamen nun viele Prinzen, die überlegten hin und her, aber keiner konnte es erraten. Und so bereitete es der Prinzessin einen riesigen Spaß, wie einer nach dem anderen eingesperrt wurde. Nach einiger Zeit nun wollte kein Prinz mehr kommen. Weil der Prinzessin das Spiel aber so gut gefiel, ließ sie nun verkünden, daß jeder kommen kann, um sein Glück zu versuchen.

Nun lebte da ein Bauer, der hatte drei Söhne, davon waren zwei klug und gescheit, den jüngsten aber, den Hannes, den hielten alle für dumm. Eines Tages sagte der älteste Sohn zum Vater: «Ich will zum Schloß gehen und das Rätsel lösen. Dann heirate ich die schöne Prinzessin und werde König.» Aber der Vater sprach: «Wie willst du das Rätsel lösen, wenn es die Prinzen noch nicht einmal geschafft haben? Dich werden sie gleich einsperren!» Der Sohn antwortete: «Na, das laß mich mal machen. Die Prinzen haben doch nur ein großes Mundwerk, aber wir Bauern sind klug und gescheit!» Er nahm etwas Brot, Wurst und Käse und machte sich auf den Weg.

Als er nach einem Jahr immer noch nicht zurückgekommen war, da wußten sie: Auch er hatte das Rätsel nicht lösen können. So machte sich dann der zweite Sohn auf den Weg. Aber ihm erging es genauso. Auch er kam nicht zurück. Da ging eines Tages der Hannes zum Vater und sprach: «Vater, nun bin ich an der Reihe. Du wirst sehen, ich werde nicht nur das Rätsel lösen und die schöne Prinzessin zur Frau nehmen, sondern auch meine Brüder wieder zurückbringen.» Doch der Vater schimpfte und sprach: «Du dummer Hannes, wie willst du das denn schaffen, wenn deine schlauen Brüder schon eingesperrt wurden?» Aber der Hannes ließ sich nicht davon abbringen, und der Vater mußte ihn ziehen lassen. Hannes packte etwas Brot und Käse ein und machte sich auf den Weg.

Als er eine Weile gegangen war, überkam ihn der Hunger, und er setzte sich auf einen Stein und fing an zu essen. Da kam auf einmal ein uraltes Weiblein dahergehumpelt und jammerte:

«Ach, ich habe große Not,
schenk mir doch ein Stücklein Brot!»

Da reichte Hannes dem alten Weiblein sein Brot und sprach: «Iß nur, Alte, ich weiß, daß Hunger weh tun kann.» Das alte Weiblein hockte sich hin und aß. Dann fragte es: «Wohin führt dich dein Weg?» Da erzählte Hannes der Alten, was er vorhatte. Diese nickte vor sich hin und sprach: «Du willst also dein Glück bei der schönen Prinzessin versuchen und das Rätsel lösen. – Ja, ja. Deine Brüder waren auch schon hier. Aber die sitzen jetzt beide im dunklen Verlies des Schlosses. Ich habe sie an dieser Stelle hier getroffen, damals. Aber sie waren arge Geizhälse und wollten mir nichts geben. So habe ich ihnen auch keinen Rat mitgegeben. Es ist nämlich gar nicht leicht, das Rätsel der Prinzessin zu lösen. Wenn du aber gut achtgibst, so kannst du doch dahinterkommen. – Und nun hör zu: Gehe zum Schloß und frage dort nach Arbeit. Sage nicht gleich, daß du das Rätsel lösen willst, sondern arbeite als Stallknecht oder hüte die Ziegen, dann wirst du dein Glück schon finden.»

Dann zog das alte Weiblein aus seinem weiten Rock eine Laute hervor, reichte sie dem Hannes und sprach: «Nimm diese Laute hier. Immer, wenn du über ihre Saiten streichst, wird eine schöne Melodie erklingen. So wird dich das Glück nie verlassen.» Und ohne einen Dank abzuwarten, humpelte das alte Weiblein weiter den Weg hinunter. Hannes betrachtete staunend die Laute. So etwas hatte er zuvor noch nie gesehen. Vorsichtig strich er mit den Fingern über die Saiten. – Eine wunderschöne Melodie erklang, und es war ihm, als ob sein Herz vor Freude zu tanzen anfing.

Er steckte die Laute in seine Tasche und machte sich weiter auf den Weg.

Bald hatte er das Schloß erreicht, klopfte an das große Tor und fragte nach Arbeit, so wie es das alte Weiblein gesagt hatte. Tatsächlich wurde gerade ein Ziegenhirt gesucht, denn die Ziegen mußten hinaus auf die Wiese geführt werden.

So wurde Hannes Ziegenhirt im Schloß der schönen Prinzessin. Am anderen Morgen trieb er die Ziegen hinaus aufs Feld. Doch siehe da, kaum waren die spitzbärtigen Gesellen draußen, da liefen sie in alle Windrichtungen davon, und der arme Hannes rannte hinter ihnen her. Doch so sehr er sich auch mühte, er konnte sie bis zum Abend nicht wieder zusammentreiben. Müde und erschöpft kam er mit den restlichen Ziegen zum Schloß zurück. Dort wurde er vom Stallmeister ausgeschimpft, daß ihm Hören und Sehen verging. Er drohte ihm sogar Prügel an, sollte ihm morgen das gleiche passieren.

So trieb Hannes am nächsten Morgen die Ziegen wieder hinaus aufs Feld, und es geschah wie am Tag zuvor. Die Spitzbärte liefen in alle Windrichtungen davon. In seiner großen Verzweiflung setzte sich Hannes unter einen Baum und dachte an die Prügel, die er am Abend sicher einstecken würde. Doch wie er so dasaß und grübelte, fiel ihm auf einmal die Laute ein, die ihm das alte Weiblein geschenkt hatte. Er zog sie heraus, strich mit den Fingern über die Saiten, und eine wunderschöne Melodie erklang. Zu seiner großen Überraschung kamen plötzlich die Ziegen aus allen Windrichtungen zusammengelaufen und spitzten ihre neugierigen Ohren.

Und als Hannes weiter auf der Laute spielte, da fingen die Ziegen auf einmal an zu tanzen: die einen auf den Vorderfüßen, die anderen auf den Hinterbeinen, so daß ihre Bärte auf und ab wippten. Hannes lachte und fing an zu singen:

Als Hannes am Abend die Ziegen in den Stall zurückführte, da waren sie alle vollzählig, und der Stallmeister wunderte sich. Nun wußte Hannes, welch wunderbare Kraft in seiner Laute steckte, und darum hatte er auch keine Angst mehr vorm Ziegenhüten. Er konnte die Ziegen ruhig laufen lassen, denn wenn er auf der Laute spielte, so kamen sie alle wieder zusammengelaufen. Eines Tages saß er wieder auf der Wiese und hütete die Ziegen. Dabei holte er seine Laute heraus, spielte und sang (Melodie wie oben):

«Kommt, ihr Ziegen, tanzet fein,
tanzet hin und her!
Vorderfuß und Hinterbein,
ja, das ist nicht schwer!»

Da sah die Prinzessin vom Schloß herunter. Sie rieb sich verwundert die Augen. So etwas hatte sie noch nie gesehen: Ziegen, die tanzen konnten! Weil sie immer alles bekam, was sie sich wünschte, so wollte sie auch eine tanzende Ziege haben. Also stieg sie vom Schloß herunter, lief auf die Wiese, schaute den Hannes hochnäsig an und sagte: «Ich will auch so eine tanzende Ziege haben!» Hannes wußte natürlich, daß es die stolze Prinzessin war, sagte aber sehr höflich: «Ich darf keine Ziege hergeben!»

Da bettelte die Prinzessin, sie werde ihm auch jeden Wunsch erfüllen, wenn sie eine tanzende Ziege dafür bekäme. Hannes dachte eine Weile nach, kratzte sich am Kopf und sprach: «Nun gut, wenn du deinen Rock hochhebst bis zum Knie und mit den Ziegen tanzt, dann sollst du eine bekommen!»

Was – den Rock hochheben und mit den Ziegen tanzen? Nein, nein – das wollte die stolze Prinzessin natürlich nicht. So dachte sie schon ans umkehren. Aber da fiel ihr ein: «Außer dem Ziegenhirten sieht mich ja keiner!» – und sie hob den Rock bis zum Knie und tanzte mit den Ziegen. Hannes spielte dazu auf der Laute und sang:

«Kommt, ihr Ziegen, tanzet fein,
tanzet hin und her!
Vorderfuß und Hinterbein,
ja, das ist nicht schwer!»

Hannes war zufrieden und gab der Prinzessin eine Ziege. Sie nahm sie schnell auf den Arm und rannte davon. Doch kaum war sie hinter der Schloßmauer verschwunden, da spielte Hannes auf seiner Laute, und als die Ziege das hörte, da sprang sie vom Arm der Prinzessin herunter und rannte, so schnell

sie konnte, zu den anderen zurück und tanzte mit ihnen lustig im Kreis herum.
Weil die Prinzessin aber so gerne eine tanzende Ziege haben wollte, ging sie am nächsten Tag wieder herunter auf die Wiese, um sich eine tanzende Ziege zu holen. Hannes wollte ihr zuerst keine geben, doch weil die Prinzessin so bettelte, sagte er nach längerem Überlegen: «Also gut, aber nur, wenn du deinen Rock bis übers Knie hochhebst und mit den Ziegen tanzt, dann sollst du eine bekommen.»

Natürlich wollte die stolze Prinzessin auch diesmal nicht ihren Rock hochheben und mit den Ziegen tanzen. Aber dann dachte sie, daß es außer dem Hirten ja niemand sieht – hob den Rock bis übers Knie und tanzte mit den Ziegen. Hannes spielte dazu die Laute und sang (Melodie wie oben):

«Kommt, ihr Ziegen, tanzet fein,
tanzet hin und her!
Vorderfuß und Hinterbein,
ja, das ist nicht schwer!»

Hannes war zufrieden und gab der Prinzessin eine Ziege. Sie nahm sie schnell auf den Arm und rannte davon. Doch kaum war sie hinter der Schloßmauer verschwunden, spielte Hannes auf seiner Laute, und als die Ziege das hörte, sprang sie vom Arm der Prinzessin herunter und rannte, so schnell sie konnte, zu den anderen zurück und tanzte mit ihnen lustig im Kreis herum.
Nun hatte die Prinzessin immer noch keine tanzende Ziege, dabei hätte sie doch so gerne eine gehabt. Also ging sie am dritten Tag wieder herunter auf die Wiese und bat den Hannes abermals um eine Ziege.
«Ja» sagte der Hannes, «du kannst eine bekommen. Aber diesmal mußt du deinen Rock hochheben bis über den Bauch und mit den Ziegen tanzen, so will ich dir nochmals eine geben!» – «Was», dachte die stolze Prinzessin, «den Rock hochheben bis über den Bauch?» – Nein, nein, das wollte sie nun wirklich nicht. – Aber dann dachte sie wieder an die tanzenden Ziegen und daß es wohl auf der ganzen Welt keine Königstochter gab, die eine solche Ziege besaß.

So war also ihr Verlangen größer. «Außerdem sieht mich ja nur der Hirtenjunge», dachte sie – hob den Rock über den Bauch und tanzte mit den Ziegen. Hannes spielte dazu auf seiner Laute und sang (Melodie wie oben):

«Kommt, ihr Ziegen, tanzet fein,
tanzet hin und her!
Vorderfuß und Hinterbein,
ja, das ist nicht schwer!»

Hannes war zufrieden und gab der Prinzessin die Ziege. Sie packte sie fest auf den Arm und rannte davon. Doch es geschah wie die beiden Male zuvor. Kaum war sie hinter der Schloßmauer verschwunden, spielte Hannes auf seiner Laute, und die Ziege sprang vom Arm der Prinzessin herunter und lief, so schnell sie konnte, zu den anderen zurück und tanzte mit ihnen lustig im Kreis herum.
Als Hannes so dasaß und auf seiner Laute spielte, da kam auf einmal das alte Weiblein, das ihm damals die Laute geschenkt hatte, und sprach: «So, Hannes, deine Zeit ist nun gekommen. Mach dich auf den Weg ins Schloß. Jetzt kannst du das Rätsel lösen, denn du hast das Geheimnis der Prinzessin gesehen! Doch wasch dich zuvor und zieh die schönen Kleider an, die ich dir mitgebracht habe. Ich wünsche dir viel Glück!» Mit diesen Worten war die Alte verschwunden. Hannes tat, wie ihm geheißen, und ging anderentags ins Schloß. Weil er sauber gewaschen und gut gekleidet war, erkannte niemand in ihm den Ziegenhirten.
So wurde er dann vor den König, die Königin und die Prinzessin geführt.
Die Prinzessin saß mit stolz erhobenem Kopf auf einem goldenen Stuhl und sprach:

«Du willst es also wagen
und mir des Rätsels Lösung sagen.
Dann sprich: Was habe ich an mir,
das niemand auf der Welt hat hier?»

Hannes dachte einen Augenblick nach, dann sagte er: «Auf deinem Bauch wachsen drei goldene Haare!» Als die Prinzessin dies hörte, erschrak sie mächtig, denn Hannes hatte ihr Geheimnis erkannt.
Er hatte die drei goldenen Haare deutlich gesehen, als sie den Rock hob und mit den Ziegen tanzte. Nun blieb ihr nichts anderes übrig, als Hannes zum Manne zu nehmen.
So feierten sie dann ein großes Hochzeitsfest, und nach dem Festschmaus holte Hannes seine Laute und fing an zu singen (Melodie wie oben):

«Komm, Prinzessin, tanze fein,
tanze hin und her!
Vorwärts, rückwärts, rundherum,
ja, das ist nicht schwer!»

Da gingen der stolzen Prinzessin plötzlich die Augen auf, und sie erkannte in Hannes den Hirten, der sie mit den tanzenden Ziegen überlistet hatte. Dann lebten sie glücklich und zufrieden, und als der alte König starb, da wurde Hannes König und hat lange in Weisheit geherrscht.
Und wer's noch wissen will: Die gefangenen Prinzen und die Brüder vom Hannes sind natürlich wieder freigekommen.
Ja, und ich? Ich war auch beim Hochzeitsmahl dabei!
Hab' viel gegessen und viel getrunken, alles ist wahr, und nichts ist erstunken!

5.

DER KLEINE TOPF

Ein türkisches Märchenmotiv

Ein Mädchen kauft ohne Wissen der Mutter
einen kleinen Topf. Diese ist darüber verärgert
und wirft den Topf auf die Straße.
Doch der kleine Topf klopft nacheinander dreimal
an die Tür des Hauses und bringt immer wieder
etwas mit: zuerst Fleisch, dann den Schmuck
der Königin und zuletzt den Prinzen.
Der Prinz nimmt das Mädchen mit aufs Schloß,
und dort feiern sie dann ein großes Hochzeitsfest.

Es war einmal eine Mutter, die hatte eine Tochter. Sie waren beide sehr arm. Das einzige, was sie besaßen, war ein Spinnrad. Und so hockte die Mutter dort jeden Tag und hat Wolle gesponnen. Das Mädchen trug dann die Wolle zum Marktplatz, um sie dort zu verkaufen. Davon lebten sie. An einem warmen Sommerabend hatte das Mädchen alle Wolle verkauft und eine Menge Geld dafür bekommen. Als es nun nach Hause ging, führte ihr Weg durch die Töpferstraße. Hier standen viele schöne Töpfe, und wer Geld hatte, der konnte sich einen Topf kaufen. Da sah das Mädchen auf einmal einen kleinen Topf, der war so schön, so schön hatte es zuvor noch nie einen gesehen. Da dachte es bei sich: «Ich habe doch Geld. So werde ich mir diesen kleinen Topf kaufen, und die Mutter wird sich freuen.» Da kaufte das Mädchen für all das Geld diesen kleinen Topf und trug ihn nach Haus. Die Mutter stand schon vor der Tür und wartete auf ihre Tochter. Da rief das Mädchen von weitem: «Mutter, Mutter, schau, ich habe uns einen kleinen Topf gekauft, einen schönen Topf.» Doch als die Mutter den kleinen Topf sah, was glaubt ihr, hat sie sich wohl gefreut? Nein, sie hat sich nicht gefreut. Sie hat geschimpft und gesagt: «Du dummes Ding, was kaufst du einen Topf für all das Geld, wir sind doch so arm, daß wir nichts haben, um es hineinzutun.» Die Mutter nahm den kleinen Topf, warf ihn hinaus auf die Straße, und das Mädchen bekam auch noch Schläge. Dann gingen Mutter und Tochter hungrig zu Bett.

Nun lag der kleine Topf draußen auf der Straße. Es dauerte eine Weile, da kam jemand die Straße herunter. Es war eine alte Frau. Sie ging ein wenig gebückt, und so sah sie den Topf dort liegen. «Oh», sprach sie, «da liegt ja ein kleiner Topf. Ein schöner Topf, und niemand ist da, dem er gehört. Dann will ich ihn mitnehmen.» Die alte Frau bückte sich, hob den kleinen Topf auf und trug ihn nach Haus. Dort wischte sie ihn sauber, und dann legte sie ein wunderschönes Stück Fleisch hinein, zündete auf ihrem Herd ein Feuer an und stellte den kleinen Topf mit dem Fleisch darauf.

Nach einer Weile fing das Fleisch an zu brutzeln, und ein guter Duft verbreitete sich in der ganzen Stube. Doch gerade, als sie den kleinen Topf mit dem Fleisch vom Herd herunternehmen wollte, klopfte es an die Tür. Die alte Frau öffnete, und draußen stand eine Nachbarsfrau, die sprach: «Grüß Gott, gute Frau, wie geht's, wie steht's?»

Als der kleine Topf sah, daß die Tür offenstand, da machte er einen Satz und sprang «hoppladi-hopplada» vom Herd herunter, huschte durch die Küche bis zur Tür, hopps über die Schwelle hinaus auf die Straße, und dann die Straße hinauf ...

Na, wohin wohl?

Richtig: zum Hause des Mädchens!

Hier pochte er an die Haustür und sang:

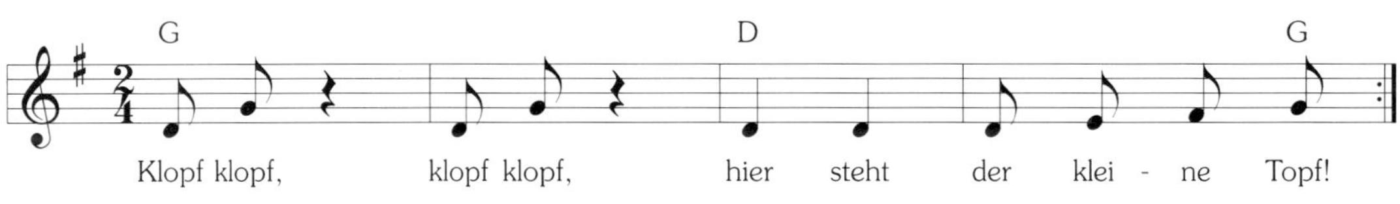

«Der kleine Topf?» sagt das Mädchen verwundert, «warum klopfst du an die Tür?»
«Ja!» ruft der kleine Topf, «mach doch mal die Tür auf. Ich habe etwas mitgebracht!»
Das Mädchen macht die Tür auf – ha – da steht der kleine Topf und darin liegt – ein wunderschönes Stück Fleisch. Da schlägt das Mädchen vor Erstaunen die Hände über dem Kopf zusammen und singt lauthals:

Das Mädchen nimmt den kleinen Topf, trägt ihn in die Küche und stellt ihn auf den Tisch. Mutter und Tochter setzen sich hin und essen das Fleisch und sind satt und zufrieden. Nun machen sie den kleinen Topf sauber, und was glaubt ihr, haben sie ihn behalten? Nein, sie haben ihn nicht behalten.
Sie haben ihn wieder hinausgestellt auf die Straße, denn sie wollten doch sehen, ob er wieder etwas mitbringt. Nun lag der kleine Topf wieder draußen auf der Straße. Nach einer Weile kam wieder jemand die Straße herunter: Es war die Königin. Die Königin hatte eine Dienerin dabei, denn immer, wenn eine Königin spazierengeht, dann wird sie von einer Dienerin begleitet. Die Dienerin aber war etwas tolpatschig. Sie stieß mit dem Fuß gegen den kleinen Topf, daß er klirrte. «Was war denn das?» sagte die Königin. «Oh, da ist ja ein kleiner Topf, ein schöner kleiner Topf. Nun, den können wir da nicht liegenlassen. Komm, komm», sagte sie zur Dienerin, «heb ihn auf und nimm ihn mit ins Schloß!» Die Dienerin bückte sich, hob den kleinen Topf auf und trug ihn ins Schlafzimmer der Königin. Als es Abend geworden war und die Königin zu Bett gehen wollte, da kleidete sie sich aus. Und wenn eine Königin sich auskleidet, dann legt sie zuerst ihren kostbaren Schmuck ab. Sie trug goldene Ohrringe, die nahm sie ab und legte sie – was glaubt ihr wohl? – richtig: Sie legte die Ohrringe in den kleinen Topf. Dann trug sie eine goldene Kette, die mit Diamanten und Edelsteinen besetzt war. Auch die zog sie aus und legte sie – richtig: in den kleinen Topf. An den Fingern, da trug sie Ringe, kostbare Ringe, die nahm sie alle ab und legte auch sie – richtig: in den kleinen Topf. Zum Schluß streifte sie noch den goldenen Armreif ab und legte auch ihn – richtig: in den kleinen Topf. Dann

reichte sie der Dienerin den Topf und sprach: «Gibt gut darauf acht, denn mein ganzer Schmuck ist darin.» Dann ging die Königin zu Bett. Die Dienerin nahm den kleinen Topf in den Arm, setzte sich hin und paßte auf.
Doch als die Königin eingeschlafen war, da wurde auch die Dienerin müde. Zuerst fiel ihr ein Auge zu und dann das zweite. Als auch sie eingeschlafen war, da sprang der kleine Topf «hoppladi, hopplada» durch das Fenster des Schlosses hinaus auf die Straße – und wohin wohl?
Richtig: zum Hause des Mädchens!
Hier pochte er wieder an die Haustür und rief (Melodie wie oben):

> «Klopf, klopf. Klopf, klopf,
> hier steht der kleine Topf!»

«Der kleine Topf!» sagt das Mädchen verwundert. «Hast du wieder was mitgebracht?» «Ja», ruft der kleine Topf, «mach doch mal die Tür auf!» Das Mädchen macht die Tür auf – ha – da steht der kleine Topf, und darin glitzert und funkelt es von Gold und Edelsteinen.
Da schlägt das Mädchen vor Erstaunen die Hände über dem Kopf zusammen und singt (Melodie wie oben):

> «Mutter, Mutter, Mutter, Mutter!
> Komm und schau!
> Wer hätte das gedacht?
> Der kleine, kleine, kleine Topf,
> ich seh's genau,
> hat etwas mitgebracht!»

Das Mädchen nimmt den kleinen Topf, trägt ihn hinein und stellt ihn auf den Tisch. Dann holt es zuerst die goldenen Ohrringe heraus, dann die Kette, die Ringe und zuletzt den Armreif. Das Mädchen zieht alles an – es war ja vorher schon schön, aber jetzt ist es noch viel schöner. Es sieht aus wie eine kleine Königin.
Ja, und was glaubt ihr nun?
Haben sie den Topf jetzt behalten?
Nein – sie haben ihn natürlich nicht behalten. Sie haben ihn wieder hinausgestellt auf die Straße, denn sie wollten doch sehen, ob er wieder etwas mitbringt. Denn aller guten Dinge sind drei. Nun stand der kleine Topf wieder draußen auf der Straße. Nach einer Weile kam wieder jemand die Straße herunter: Es war der Prinz aus dem Schloß. Der Prinz war ein stolzer junger Mann. Er trug den Kopf sehr hoch, und so sah er den Topf nicht, der mitten auf der Straße stand. Zuerst stieß er mit dem Fuß dagegen, dann fing er an zu stolpern – und was soll ich euch sagen – richtig: er stolperte so sehr, daß er in den Topf hineinfiel. Ja, der Prinz fiel in den Topf hinein.
Jetzt aber machte der Topf sich auf den Weg. Er rannte «hoppladi, hopplada» die Straße hinauf.
Wohin? Richtig: zum Hause des Mädchens!
Hier pochte er wild an die Tür und sang:

> «Klopf, klopf. Klopf, klopf,
> hier steht der kleine Topf!»

«Der kleine Topf», sagt das Mädchen, «hast du wieder was mitgebracht?»
«Ja, ja, ja!» ruft der Topf ganz aufgeregt, «mach doch mal die Tür auf!»
Das Mädchen macht die Tür auf – ha – da steht der kleine Topf, und mittendrin sitzt:
d e r   P r i n z !!!

Da singt das Mädchen in freudigem Entsetzen:

«Mutter, Mutter, Mutter, Mutter!
Komm und schau!
Wer hätte das gedacht?
Der kleine, kleine, kleine Topf,
ich seh's genau
hat etwas mitgebracht!»

Der Prinz schaut das Mädchen an, das Mädchen schaut den Prinzen an, und dann sagt der Prinz: «Mädchen, du bist wunderschön. Möchtest du meine Frau werden?» – «Ja», sagt das Mädchen, «das möcht' ich schon.»

Da reicht der Prinz dem Mädchen die Hand, steigt aus dem kleinen Topf heraus und nimmt es mit auf sein Schloß. Und dort feierten sie ein großes Hochzeitsfest. Sie haben nicht nur einen Tag oder zwei oder drei Tage gefeiert, nein, viele Tage haben sie gefeiert.
Und soll ich zum Schluß noch was verraten: Ich bin auch dabeigewesen, mich haben sie auch eingeladen. Und ich habe dort so viel getrunken und so viel gegessen, daß ich heute noch einen dicken Bauch davon habe.
Doch: Wer nicht glaubt, daß ich da habe getrunken und gegessen, der soll mein Märchen gleich wieder vergessen!

6.

DER EIGENSINNIGE ELEFANT

Ein afrikanisches Märchenmotiv

Ein kleiner Elefant will nie das tun,
was seine Eltern und Geschwister machen.
Er sondert sich ab und möchte lieber ein anderes Tier sein.
Doch alle Versuche, in eine neue Rolle zu schlüpfen,
mißlingen ihm.
Giraffe, Fisch, Schildkröte und Papagei lassen
den kleinen Elefanten erkennen, daß es in der
eigenen Haut doch am schönsten ist.

Es war einmal ein kleiner Elefant, der lebte mit seinen Eltern und Geschwistern in einem großen Buschwald in Afrika. Der kleine Elefant war sehr eigensinnig und bockig. Immer wollte er etwas anderes tun als das, was seine Eltern oder Geschwister gerade taten. Wenn sie Hunger hatten und zum Fressen gingen, dann war er satt. Doch wenn alle satt waren, dann hatte er Hunger. Wenn seine Geschwister mit ihm spielen wollten, dann hatte er keine Lust, doch wenn sie alle schlafen gingen, dann wollte er spielen. Und so ging das jeden Tag. An einem schönen Sommermorgen sagte die Elefantenmutter: «Komm, kleiner Elefant, geh mit uns spazieren!» Doch der kleine Elefant ließ den Rüssel hängen und schüttelte nur den Kopf. «Komm doch mit uns», sagte der Elefantenvater. Der kleine Elefant schüttelte den Kopf, daß seine Ohren wackelten, und rief: «Nein, ich will nicht.» – «Bitte, bitte, geh doch mit uns», bettelten die Elefantengeschwister. Da wurde der kleine Elefant sehr wütend: «Nein, ich will aber nicht.» Als kein Bitten und Betteln half, drehten sie ihm den Rükken zu und gingen allein spazieren. Das wiederum ärgerte den kleinen Elefanten, denn er wußte nun nicht, was er alleine machen sollte. Außerdem hatte er es satt, ein Elefant zu sein, und brummte vor sich hin:

«Wenn ich aber kein Elefant mehr bin», dachte er, «was könnte ich dann sein?» Langsam trottete er vor sich hin. Da sah er plötzlich eine Giraffe. Die reckte ihren langen Hals hoch in die Luft und konnte sogar bis in die höchsten Bäume gucken. Als der kleine Elefant das sah, rief er ganz begeistert: «Nun weiß ich, was ich sein will. Ich will eine Giraffe sein.» Also hob er seinen Kopf und streckte den Rüssel hoch hinaus. Doch nun konnte er nicht mehr genau sehen, wo er hinlief, stolperte und fiel ins Gras. Er brummte (Melodie wie oben):

«Ich will keine Giraffe sein,
nein, nein, nein – nein, nein – nein!
Giraffen find' ich gar nicht fein,
nein – nein – nein!»

So stampfte der kleine Elefant weiter, bis er an einen Fluß kam. Dort sah er im Wasser einen Fisch schwimmen. «Ich möchte ein Fisch sein», rief der kleine Elefant und stieg in den Fluß. Im Wasser schwimmen konnte er ja ganz gut. Aber mit einem großen Sprung aus dem Wasser hüpfen, das konnte er natürlich nicht, und untertauchen bis zum Grund, das konnte er auch nicht. Da ging ihm die Luft aus. So schwamm der kleine Elefant wieder zurück

zum Ufer, schnaubte durch den Rüssel und brummte (Melodie wie oben):

«Ich will jetzt auch kein Fisch mehr sein,
nein, nein, nein – nein, nein – nein!
Denn Fische find' ich gar nicht fein,
nein – nein – nein!»

Als er aus dem Fluß stieg, sah er am Ufer eine Schildkröte liegen. Die Schildkröte hatte alle Beine von sich gestreckt und blinzelte zufrieden in die Sonne. Als der kleine Elefant das sah, rief er ganz begeistert: «Ich will eine Schildkröte sein.» Die Schildkröte drehte langsam ihren Kopf herüber, schaute den kleinen Elefanten an und sprach: «Hast du denn auch einen Panzer?» – «Nein», sagte der kleine Elefant, «einen Panzer habe ich nicht, aber eine sehr schöne dicke Haut.» «Kannst du denn Kopf und Beine einziehen?» fragte die Schildkröte, «das mußt du nämlich können, um bei Gefahr geschützt zu sein.» Der kleine Elefant legte sich auf den Bauch, machte einen großen Buckel und versuchte, Kopf und Beine einzuziehen. Aber die Schildkröte rief immer wieder: «Kleiner Elefant, da sieht man noch ein Bein! Kleiner Elefant, von deinem Rüssel schaut noch ein Stück heraus.» Da wurde der kleine Elefant aber wütend. Er sprang auf und rief (Melodie von oben):

«Ich will auch keine Schildkröt' sein,
nein, nein, nein – nein, nein – nein!
Denn Schildkröten find ich gar nicht fein,
nein – nein – nein!»

Die Schildkröte drehte dem kleinen Elefanten ihren dicken Panzer zu und schmunzelte vor sich hin. Der kleine Elefant aber trottete unzufrieden weiter. Da hörte er plötzlich über sich ein Rauschen, und als er in die Luft sah, flog über ihm ein wunderschöner bunter Papagei. «Jetzt weiß ich, was ich will», rief der kleine Elefant, «ich will ein Papagei sein.» Er fuchtelte mit seinem Rüssel in der Luft herum und rief: «He, Papagei, zeig mir, wie man fliegt.»
Der Papagei nahm den kleinen Elefanten mit auf einen hohen Felsen über dem Fluß. «Ich schlage die Luft mit meinen Flügeln», sagte der Papagei, schwang sich hoch und kreiste über den Fluß. «Das kann ich auch», rief der kleine Elefant, «ich habe zwar keine Flügel, aber schöne, große Ohren.» Er stellte sich also auf den Felsen, gab sich einen Ruck und sprang und schlug wild mit den Ohren um sich. Doch weil er viel zu schwer war, stürzte er wie ein Stein hinunter in den Fluß, daß das Wasser nur so spritzte. Der Papagei hoch oben in der Luft mußte darüber herzlich lachen. Der kleine Elefant schleppte sich ans Ufer, und der gelbe Flußschlamm tropfte aus seinem Rüssel. Vom Sturz noch etwas benommen brummelte er vor sich hin (Melodie wie oben):

«Ich will kein Papagei mehr sein,
nein, nein, nein, – nein, nein, – nein!
Papageien find' ich gar nicht fein,
nein – nein – nein!»

Und leise fügte er noch hinzu: «Ich glaube, ich bleibe doch ein Elefant.»
So trottete er langsam zurück in den Buschwald, denn er wollte seine Familie suchen. Dabei dachte er: «Hoffentlich fragen sie mich, ob ich mit ihnen spazierengehen will, denn» – und er singt (Melodie wie oben):

«Es ist schön, Elefant zu sein,
glaubt mir's fein – glaubt mir's fein.
Mit Eltern und Geschwisterlein:
glück – lich – sein!»

7.

HUNOLD – DER LISTIGE RIESE

Ein irisches Märchenmotiv

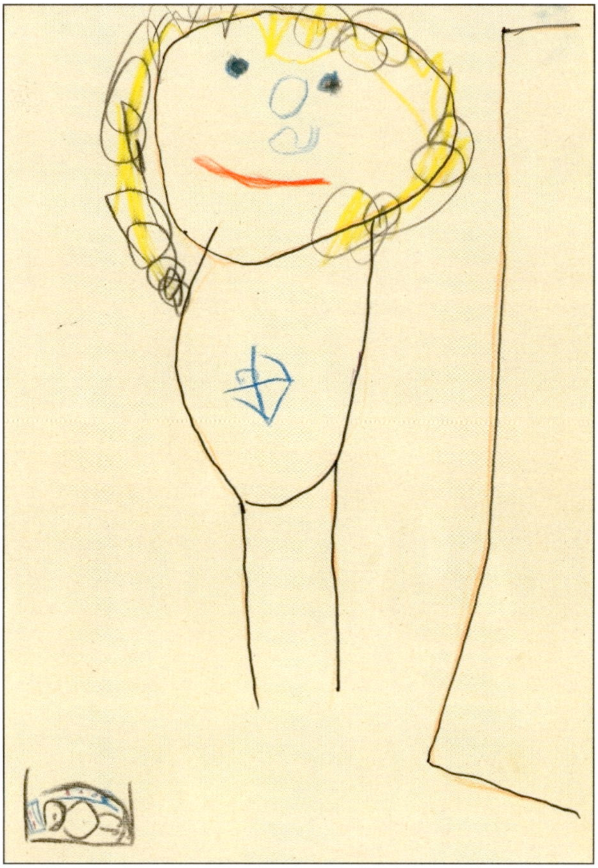

Hunold, ein kleiner Riese, hört von einem großen und starken Riesen, der hinter Bergen und Meeren lebt. Als dieser ihn eines Tages besucht, verkriecht sich Hunold im Bett, während seine Frau dem anderen erzählt, unter der Bettdecke liege Hunolds Kind. Erschreckt läuft der starke Riese davon, denn wenn das Kind schon so groß ist, wie groß muß dann erst Hunold sein.

Vor vielen, vielen Jahren, da lebte in unseren Wäldern ein Riese, der Hunold hieß.
Weit hinter den Bergen und Meeren, da wohnte ein anderer Riese, und der hatte von Hunold gehört.
Weil der andere aber wissen wollte, wer von beiden wohl größer und stärker sei, so machte er sich eines Tages auf den Weg, um Hunold zu sehen.
Als Hunold dies hörte, bekam er große Angst, denn er hatte erfahren, daß der andere Riese einen Kopf größer war. Eines Morgens nun sah Hunold den großen Riesen mit Riesenschritten auf sein Haus zukommen. Er war so groß, daß er fast an die Wolken stieß und die Erde bei jedem seiner Schritte dröhnte.
Hunold erschrak mächtig, denn so einen großen Riesen hatte er noch nie gesehen. Wie konnte er es mit so einem Riesenkerl aufnehmen?
Schnell rannte er ins Haus und rief seiner Frau zu: «Der große Riese, der hinter den Bergen und Meeren wohnt, wird gleich hier sein. Am besten lege ich mich ins Bett, und wenn er fragt, wer da im Bett ist, so sage, es sei unser Kind.»
Hunold sprang, so schnell er konnte, in sein Riesenbett, und seine Frau hatte gerade noch Zeit, ihm eine große Decke überzuwerfen, so daß nur noch seine Nasenspitze herausguckte.
Polternd trat der mächtige Riese zur Tür herein, drohte mit den Fäusten und sang mit lauter Stimme:

Die Kinder wiederholen und drohen mit der Faust:

«Komm heraus, du Riesenwanst,
zeige mir, ob du was kannst!»

Hunolds Frau aber preßte ihren Zeigefinger vor den Mund und machte: «Psst!», während sie auf das Riesenbett zeigte, in dem ein großer Körper unter einer Decke lag. «Du weckst ja das Kind auf mit deinem Geschrei!» sagte sie.
«Welches Kind?» fragte der große Riese etwas verdutzt. «Na, Hunolds Kind», antwortete die Frau.
«Was?» rief der große Riese ganz erschrokken, als er die mächtige Gestalt unter der Decke bemerkte, «das ist Hunolds Kind? Potz, Blitz und Donner! Wenn das Hunolds Kind ist, wie groß muß dann erst Hunold sein?» Er drehte sich auf dem Absatz herum, daß der Fußboden krachte, und rannte mit Riesenschritten davon.
Hunold sprang sogleich aus dem Bett heraus und rief dem flüchtenden Riesen hinterher (Melodie wie oben):

«Auch wenn du viel größer bist,
meine Stärke ist die List!»

Die Kinder wiederholen (singend) den Vers.

Hunold freute sich nämlich riesig, weil er den alten Grobian so an der Nase herumgeführt hatte.

8.

AUCH FRÖSCHE KÖNNEN SICH IRREN

Ein japanisches Märchenmotiv

Ein Frosch aus der Hauptstadt und ein Frosch
aus der Stadt am Meer machen sich eines Tages auf die Reise,
um die andere Stadt kennenzulernen.
Zufällig treffen sie sich auf der Hälfte
des Weges auf einem Berg.
Sie beschließen nun, von hier aus ihr Ziel in Augenschein
zu nehmen, richten sich aneinander auf
und schauen in die Richtung, in die sie reisen möchten.
Doch weil ihre Augen hoch oben am Kopf sitzen,
schauen sie nicht nach vorn, sondern nach hinten –
also dorthin, wo sie hergekommen sind.
Dabei entdecken sie, daß es sich nicht lohnt, weiterzureisen,
weil die Orte, wo sie hinwollen, genauso aussehen
wie die, wo sie hergekommen sind.
An diesem Irrtum halten sie fest bis an ihr Lebensende.

Erzählen möcht' ich auf diese Weise von Fröschen, die gingen einmal auf Reise. Drum gebt jetzt gut acht, das Märchen fängt an: von Quick und von Quack aus dem fernen Japan!

Es war gestern – oder war es schon vorgestern? Da wollten die beiden Frösche Quick und Quack auf eine große Reise gehen. Sie kannten sich nicht – auch hatten sie nie voneinander gehört, denn zwischen ihnen lag ein hoher Berg. Quick lebte im Graben einer kleinen Stadt am Meer, und Quack hatte sein Zuhause in einem Teich, der vor dem Schloß der großen Hauptstadt lag. Sie hatten beide Lust auf ein Abenteuer, und so machten sie sich eines Tages auf den Weg. Quick wollte sich einmal die Hauptstadt ansehen und Quack die kleine Stadt am Meer. Also zogen sie eines Morgens los, um bis zum Abend ihr Ziel zu erreichen.
Es war ein beschwerlicher Weg. Frösche können zwar gut schwimmen, aber sie sind nicht gut zu Fuß. So machte jeder immer wieder zwei, drei große Hopser. Danach mußten sie erschöpft sitzenbleiben, um zu verschnaufen.
Deshalb ging es recht langsam voran.
Auf der Hälfte des Weges lag ein hoher Berg. Den mußte nun jeder von seiner Seite aus erklettern. Das war für die beiden Frösche eine mühselige Plage. Sprung für Sprung hopsten sie höher. Wenn sie gar nicht mehr weiterkonnten, blieben sie sitzen und hielten Ausschau nach dicken, fetten Fliegen, um diese genüßlich zu verspeisen.
Endlich hatten sie die Bergspitze erreicht. Als dann jeder noch einen Hopser machte, standen sie sich plötzlich gegenüber. Quick und Quack schauten sich eine Weile verwundert an. «Was machst denn du hier auf dem Berg?» fragte Quick. «Das wollte ich dich auch gerade fragen», antwortete Quack.
Nun erzählten sie sich gegenseitig, warum sie die lange Reise angetreten hatten: Quick wollte die große Hauptstadt und das Schloß sehen und Quack die kleine Stadt und das Meer. So setzten sie sich schließlich gegenüber, um sich auszuruhen.
«Wenn wir doch nur größer wären», seufzte Quick, «dann könnten wir von hier aus schon die Städte sehen und wüßten, ob es sich lohnt, weiterzuhopsen.»
Quack dachte eine Zeitlang nach, dann rief er: «Jetzt weiß ich's! Wir richten uns aneinan-

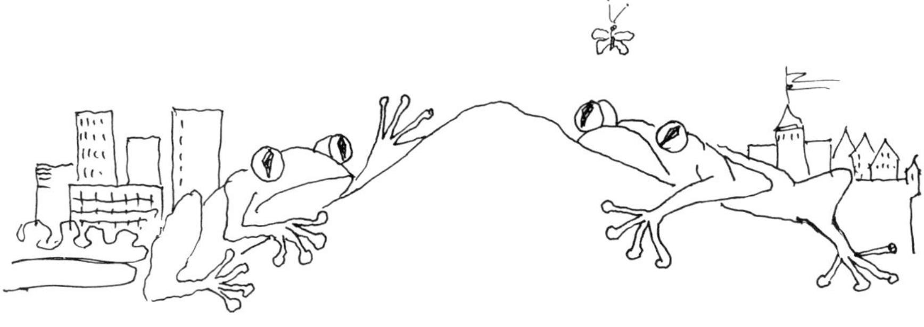

der auf, recken uns ganz doll in die Höhe, und so kann jeder in die Richtung schauen, in die er gerne möchte.» Der Vorschlag gefiel Quack so gut, daß sie gleich versuchten, sich gegeneinander aufzurichten. Das war allerdings so beschwerlich, daß sie immer wieder ins Gras plumpsten – der eine auf den Bauch, der andere auf den Rücken. Doch dann – endlich – standen sie auf ihren langen Hinterfüßen und schauten in die Ferne. Damit sie nicht wieder umfallen konnten, hielten sie sich mit den Armen fest umschlungen. Das sah so lustig aus, daß jeder, der dabeigewesen wäre, herzlich hätte lachen müssen.

Aber nun konnten sie endlich dahin schauen, wo sie gerne hinwollten.

Da standen sie nun, auf ihren langen Hinterfüßen, und starrten in die Ferne. Leider hatten die beiden Frösche aber nicht bedacht, daß ihre Augen ja hoch oben auf dem Kopf sitzen und sie deshalb nur nach hinten schauen können – und nicht, wie sie glaubten, nach vorne. So sah also jeder nur den Ort, wo er hergekommen war – und nicht den, wo er hinwollte.

Darum sang Quick ganz verwundert:

Dieselbe Entdeckung machte auch Quack, der in die kleine Stadt am Meer wollte und jetzt nur seine Heimatstadt erblickte.

Auch er rief ganz verwundert (Melodie wie unten):

«Ei, perdautz, was seh' ich da?
Gibt's das, oder träum ich gar?
Dort sieht's ja genauso aus,
wie in meiner Stadt zu Haus!»

Die beiden blieben noch eine Weile fassungslos stehen und glotzten in die Ferne, dann ließen sie sich los und fielen ins Gras.

«Wie gut, daß wir uns aufgerichtet haben», sprachen sie zueinander, «so wissen wir doch jetzt, daß eine Fortsetzung der Reise sich nicht lohnt!»

Sie blieben noch eine Weile im Gras hocken und freuten sich über ihre Erkenntnis. Dann sagten sie sich Lebewohl, und jeder hopste in die Richtung zurück, aus der er gekommen war.

Ja – und wenn sie nicht gestorben sind, dann glauben sie noch heute, daß das kleine Städtchen am Meer genauso ausschaut wie die große Hauptstadt – obwohl doch beide Städte so grundverschieden sind.

9.

EIN SPECHT WILL HEIRATEN

Ein oft wiederkehrendes Märchenmotiv, bei dem sich der Held einen ebenbürtigen Partner sucht

Ein Specht möchte nur die größte und stärkste der Welt heiraten. Auf der Suche nach einer Partnerin kommt er zur Sonne, zur Wolke, zum Wind und zum Baum. Doch alle sagen in ihrer Bescheidenheit, daß sie zwar groß und stark – aber nicht die größten sind. So kommt der Specht zuletzt zur Spechtin, die auf einem Baum sitzt und Löcher klopft. Hier endlich findet er die richtige Partnerin.

Es war einmal ein Specht, der war eingebildet und stolz. Er wollte hoch hinaus. Kein Specht war ihm recht. Da flog er eines Tages zur Sonne und sprach:

Doch als die Sonne den Specht in all seiner Winzigkeit vor sich herumflattern sah, da mußte sie heimlich lachen – aber sie sprach sehr höflich:

> Ich bin zwar groß und stark,
> aber da ist noch jemand, der ist viel größer
> und viel stärker als ich –
> und das ist die Wolke.
> Sie schiebt sich einfach vor mich,
> und dann bin ich nicht mehr zu sehen.

Da flog der Specht zur Wolke und sprach (Melodie wie oben):

> Du bist die Größte hier im Land,
> komm, reich mir deine starke Hand.
> Und dann feiern wir, und dann feiern wir
> ein großes Hochzeitsfest!

Doch als die Wolke den Specht in all seiner Winzigkeit vor sich herumflattern sah, da mußte sie heimlich lachen. Sie sprach aber sehr höflich:

Ich bin zwar groß und stark,
aber da ist noch jemand, der ist viel größer
und viel stärker als ich –
und das ist der Wind.
Er bläst und bläst und bläst mich
auseinander!

Da flog der Specht zum Wind und sprach (Melodie wie oben):

Du bist der Größte hier im Land,
komm, reich mir deine starke Hand.
Und dann feiern wir, und dann feiern wir
ein großes Hochzeitsfest.

Doch als der Wind den Specht in all seiner Winzigkeit vor sich herumflattern sah, da mußte er heimlich lachen. Aber er sprach sehr höflich:

Ich bin zwar groß und stark,
aber da ist noch jemand, der ist viel größer
und viel stärker als ich –
und das ist der Baum.
Da kann ich blasen und blasen und
blasen,
und er fällt nicht um!

Da flog der Specht zum Baum, setzte sich auf einen Ast und sprach (Melodie wie oben):

Du bist der Größte hier im Land,
komm, reich mir deine starke Hand.
Und dann feiern wir, und dann feiern wir
ein großes Hochzeitsfest!

Doch als der Baum den Specht in all seiner Winzigkeit auf sich herumsitzen sah, da mußte er heimlich lachen. Aber er sprach sehr höflich:

Ich bin zwar groß und stark,
aber da ist noch jemand, der ist viel größer
und viel stärker als ich –
und das ist eine Spechtin.
Sie klopft und klopft und klopft Löcher
in mich hinein.
Eines Tages muß ich umfallen!

Da flog der Specht zur Spechtin hin und sprach (Melodie wie oben):

Du bist die Größte hier im Land,
komm, reich mir deine starke Hand.
Und dann feiern wir, und dann feiern wir
ein großes Hochzeitsfest!

Dann heiratete der Specht die Spechtin noch am gleichen Tag. Als die anderen Vögel dies sahen, da mußten sie alle laut lachen. Der Specht aber sprach:
«Ich weiß gar nicht, was es da zu lachen gibt.
Meine Spechtin ist größer und stärker
– man glaubt es kaum –
als Sonne und Wind
und Wolke und Baum.»

10.

DER KLOSS

Ein Märchenmotiv aus Rußland

Ein Kloß will nicht aufgegessen werden
und flieht in die Welt hinaus.
Auf seiner Wanderschaft begegnen ihm Hase,
Wolf, Bär und Fuchs. Alle haben großen Hunger
und wollen den Kloß auffressen.
Doch der Kloß lacht, singt ihnen ein Lied vor
und rollt geschwind weiter.
Nur mit dem Fuchs hat der Kloß seine Not.
Doch auch hier bietet sich ein glückliches Ende an.

In Rußland lebten einmal ein alter Mann und eine alte Frau. Eines Tages sagte der Mann zu seiner Frau: «Mach uns ein gutes Essen. Wisch mal durch den Kasten und scharr mal im Spind, vielleicht kannst du etwas Mehl für einen Kloß zusammenkratzen.»
Da nahm die alte Frau ein paar Hühnerfedern, wischte im Spind und scharrte im Kasten und brachte zwei Handvoll Mehl zusammen. Das Mehl mischte sie mit Fettmilch, formte daraus einen runden Kloß, briet ihn in Rüböl und stellte ihn ans Fenster zum Kühlen.
Ja – und da stand der Kloß nun am Fenster. Wie er so durchs Fenster schaute, dachte er bei sich: «Ich bin doch viel zu schade, um aufgegessen zu werden. Ich gehe in die Welt hinaus.»
Damit sprang er vom Fenster auf die Bank, von der Bank auf den Fußboden – rollte durch die Küche bis zur Tür, hopste über die Schwelle in den Garten – vom Garten weiter auf die Straße – und dann die Straße herunter.
Nachdem er eine Weile gerollt war, kam ein hungriger Hase daher und rief:

«He, Kloß, bleib stehen, Kloß!
Ich will dich fressen!
Ja, fressen will ich dich, Kloß!»

«Was?» rief der Kloß, «du Hase willst mich fressen? – Nein, du frißt mich nicht.
Aber gib acht, ich singe dir ein Liedlein vor.»

Da begann der Kloß zu singen:

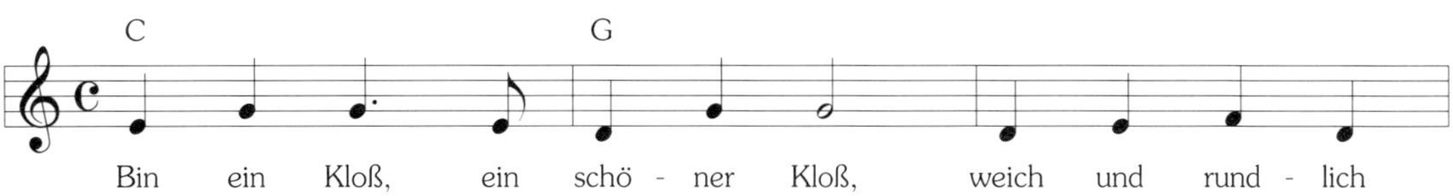

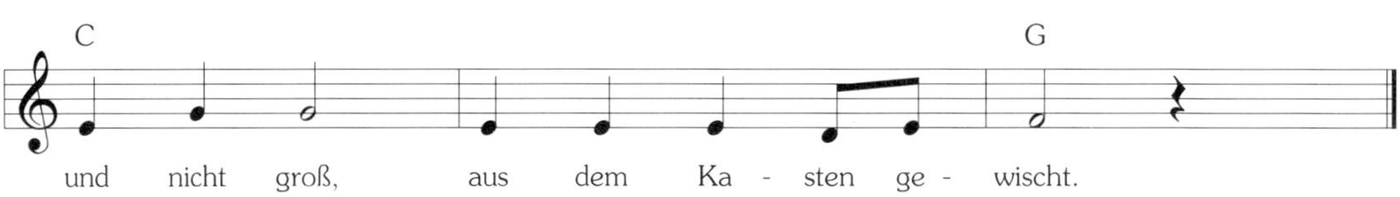

(sprechen): Wisch – wisch

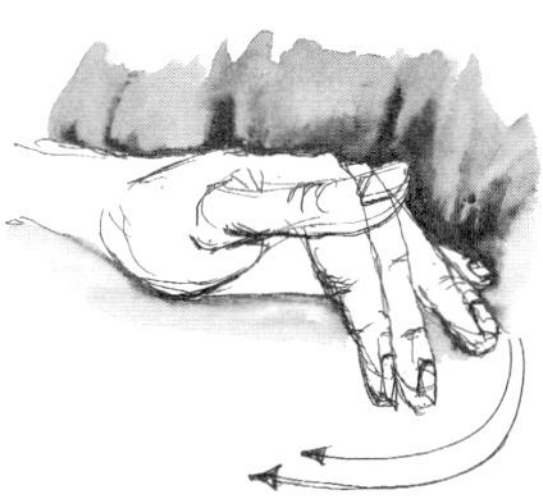

(sprechen): Scharr – scharr

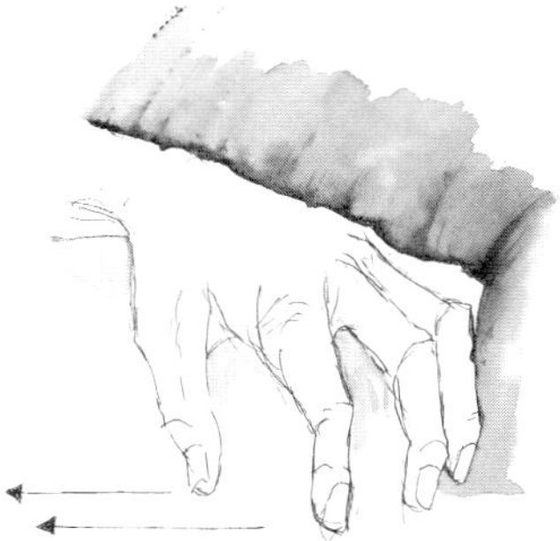

(sprechen): Misch – misch

(sprechen): Backt – backt

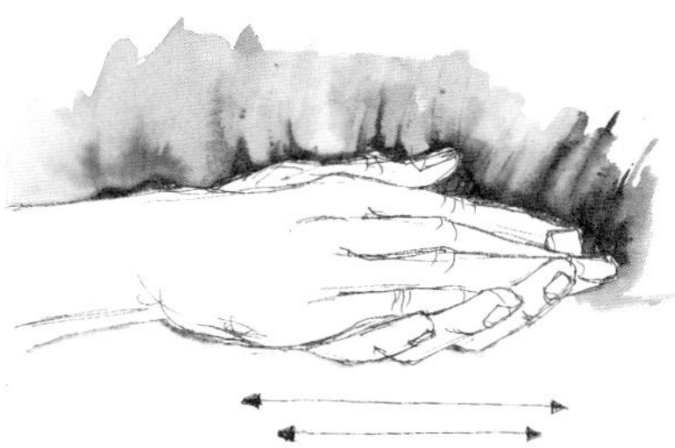

(sprechen): Bäh!!! – Bäh!!!

(sprechen): Bäh!!! – Bäh!!!

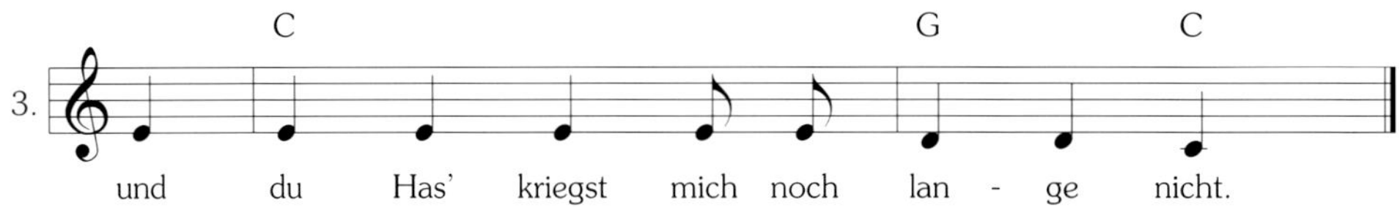

(sprechen): Bäh!!! – Bäh!!!

Damit rollte der Kloß weiter, und der Hase schaute verwundert hinterher.

Es dauerte aber nicht lange, da kam ein hungriger Wolf des Wegs, fletschte seine Zähne und rief:

«He, Kloß, bleib stehen, Kloß!
Ich will dich fressen!
Ja, fressen will ich dich, Kloß!»

«Was?» rief der Kloß, «du grauer Wolf willst mich fressen? – Nein, du frißt mich nicht. Aber gib acht, ich singe dir ein Liedlein vor.»

Da begann der Kloß zu singen (Melodie wie oben):

Bin ein Kloß, ein schöner Kloß.
Weich und rundlich und nicht groß.
Aus dem Kasten gewischt.
(sprechen): Wisch – wisch
Aus dem Spinde gescharrt.
(sprechen): Scharr – scharr
Bin mit Fettmilch gemischt.
(sprechen): Misch – misch
Und in Rüböl verbackt.
(sprechen): Backt – backt

Stand am Fen - ster zum Küh - len,
doch sie konn - ten mich nicht krie - gen.

Der al - te Mann be - kam mich nicht.

(sprechen): Bäh!!! – Bäh!!!

Die al - te Frau be - kam mich nicht.

(sprechen): Bäh!!! – Bäh!!!

Der Ha - se, der be - kam mich nicht.

(sprechen): Bäh!!! – Bäh!!!

Und du Wolf kriegst mich
noch lan - ge nicht.

(sprechen): Bäh!!!

Bevor der Wolf sein großes Maul aufreißen konnte, um den Kloß zu fressen, war er auch schon weitergerollt, und der Wolf schaute hinterher.
Doch weit kam der Kloß diesmal auch nicht. Plötzlich stand ein großer brauner Bär vor ihm und brummte:

«He, Kloß, bleib stehen, Kloß!
Ich will dich fressen!
Ja, fressen will ich dich, Kloß!»
«Was?» rief der Kloß, «du brauner Bär willst mich fressen? – Nein, du frißt mich nicht. Aber gib acht, ich singe dir ein Liedlein vor.»

Da begann der Kloß zu singen (Melodie wie oben):

Bin ein Kloß, ein schöner Kloß.
Weich und rundlich und nicht groß.
Aus dem Kasten gewischt.
(sprechen):
Wisch – wisch
Aus dem Spinde gescharrt.
(sprechen):
Scharr – scharr
Bin mit Fettmilch gemischt.
(sprechen):
Misch – misch
Und in Rüböl verbackt.
(sprechen):
Backt – backt

Stand am Fen - ster zum Küh - len,
doch sie konn - ten mich nicht krie - gen.

Der al - te Mann be - kam mich nicht.

(sprechen): Bäh!!! – Bäh!!!

Die al - te Frau be - kam mich nicht.

(sprechen): Bäh!!! – Bäh!!!

Der Ha - se, der be - kam mich nicht.

(sprechen): Bäh!!! – Bäh!!!

Der Wolf, auch der be - kam mich nicht.

(sprechen): Bäh!!! – Bäh!!!

Und du Bär kriegst mich noch lan - ge nicht.

(sprechen): Bäh!!!

Bevor der Bär den Kloß mit seinen breiten Pranken packen konnte, um ihn aufzufressen, war dieser auch schon weitergerollt – und der Bär schaute verwundert hinterher. Nach einer Weile aber kam wieder jemand, der großen Hunger hatte.

Doch diesmal war es ein ganz Schlauer: jawohl – der Fuchs!
«He, Kloß», rief der Fuchs, «wohin des Wegs?» – «Oh», sprach der Kloß, «ich rolle in die Welt hinaus.» – «So so, du rollst in die Welt hinaus“, schmeichelte der Fuchs in süßen Tönen. «Du, sag einmal, stimmt es, daß du so schön singen kannst?» – «Ja», antwortete der Kloß, «ich singe sehr schön!»
«Kannst du mir dein Lied einmal vorsingen?» sprach der Fuchs. – «Ja, ja, das kann ich schon», antwortete hocherfreut der Kloß.
«Aber weißt du», sagte der Fuchs, «ich höre so schlecht. Du müßtest beim Singen schon auf meine Schnauze springen. Nur so kann ich es gut verstehen.»

Da sprang der Kloß dem Fuchs auf die Schnauze und fing an, ganz laut zu singen (Melodie wie oben):

Bin ein Kloß, ein schöner Kloß.
Weich und rundlich und nicht groß.
Aus dem Kasten gewischt.
(sprechen):
Wisch – wisch
Aus dem Spinde gescharrt.
(sprechen):
Scharr – scharr
Bin mit Fettmilch gemischt.
(sprechen):
Misch – misch
Und in Rüböl verbackt.
(sprechen):
Backt – backt

Stand am Fen - ster zum Küh - len,
doch sie kon - ten mich nicht krie - gen.

Der al - te Mann be - kam mich nicht.

(sprechen): Bäh!!! – Bäh!!!

Die al - te Frau be - kam mich nicht.

(sprechen): Bäh!!! – Bäh!!!

Der Ha - se, der be - kam mich nicht.

(sprechen): Bäh!!! – Bäh!!!

Der Wolf, auch der be - kam mich nicht.

(sprechen): Bäh!!! – Bäh!!!

Der Bär, auch der be - kam mich nicht.

(sprechen): Bäh!!! – Bäh!!!

Und du Fuchs
kriegst mich noch lan - ge nicht.

(sprechen): Bäh!!!

«Oh!» rief der Fuchs, «wie schön du singen kannst, Kloß. Doch leider, leider habe ich es schlecht verstanden. Kannst du dein Lied noch einmal singen und mir dabei auf die Zunge springen? So werde ich es sicherlich gut verstehen.»

Da sprang der Kloß – aus lauter Eitelkeit – dem Fuchs auf die Zunge, der machte «happs» und hatte den Kloß verschluckt.

Ja – und wenn ihr wissen wollt, wie's weitergeht, dann gebt gut acht!
Tief unten im Bauche des Fuchses nämlich hörte man den Kloß ganz traurig singen (Melodie wie oben – aber traurig und getragen):

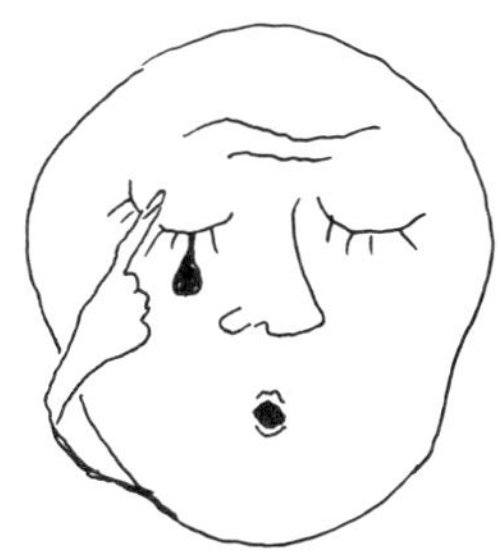

Bin ein Kloß, ein schöner Kloß.
Weich und rundlich und nicht groß.
Aus dem Kasten gewischt.
(schluchzen):
    Wisch – wisch
Aus dem Spinde gescharrt.
(schluchzen):
    Scharr – scharr
Bin mit Fettmilch gemischt.
(schluchzen):
    Misch – misch
Und in Rüböl verbackt.
(schluchzen):
    Backt – backt

Stand am Fen - ster zum Küh - len,
doch sie konn - ten mich nicht krie - gen.

Der al - te Mann be - kam mich nicht.

(schluchzen): Bekam mich nicht!

Die al - te Frau be - kam mich nicht.

(schluchzen): Bekam mich nicht!

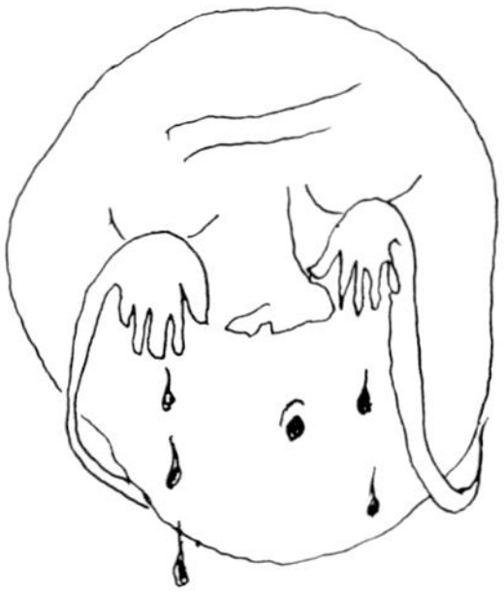

Der Ha - se, der be - kam mich nicht.

(schluchzen): Bekam mich nicht!

Der Wolf, der be - kam mich nicht.

(schluchzen): Bekam mich nicht!

Der Bär, auch der be - kam mich nicht.

(schluchzen): Bekam mich nicht!

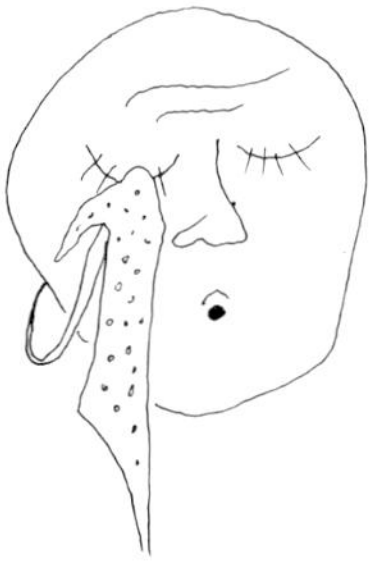

Doch nun sitz' ich in des Fuch - ses Bauch.

Wie der Fuchs den Kloß da unten in seinem Bauch wieder singen hörte, spitzte er seine Ohren.
Damit er den Kloß aber besser hören konnte, sperrte er sein Maul ganz weit auf.
Als der Kloß sah, daß der Fuchs sein Maul ganz weit offenstehen hatte – machte er einen Satz! und sprang, so schnell er konnte, heraus und lief davon.
Dabei lachte er laut und fing an zu singen (Melodie wie oben, schnell und lustig):

Bin ein Kloß, ein schöner Kloß.
Weich und rundlich und nicht groß.
Aus dem Kasten gewischt.
(sprechen):
Wisch – wisch
Aus dem Spinde gescharrt.
(sprechen):
Scharr – scharr
Bin mit Fettmilch gemischt.
(sprechen):
Misch – misch
Und in Rüböl verbackt.
(sprechen):
Backt – backt

Stand am Fenster zum Kühlen,
doch sie konnten mich nicht kriegen.
Der alte Mann bekam mich nicht.

(sprechen): Bäh!!! – Bäh!!!

Die alte Frau bekam mich nicht.

(sprechen): Bäh!!! – Bäh!!!

Der Ha - se, der be - kam mich nicht.

(sprechen): Bäh!!! – Bäh!!!

Der Wolf, auch der be - kam mich nicht.

(sprechen): Bäh!!! – Bäh!!!

Der Bär, auch der be - kam mich nicht.

(sprechen): Bäh!!! – Bäh!!!

Und Füchs - lein war auch nicht schlau ge - nug.

(sprechen): Bäh!!!

Ja – und wo ist der Kloß jetzt?
Vielleicht sitzt er schon auf deinem Teller – zusammen mit einem schönen Braten?
Und dann darfst du ihn fragen:
«He, bist du der Kloß, der so schön singen kann?»
Wenn er's ist – singt er dir sein Lied bestimmt mal vor.
Wenn nicht – dann mußt du es selber singen.

11.

HÄHNCHEN und KÖRNCHEN

Ein ungarisch-portugiesisches Märchenmotiv

Als das Hähnchen auf dem Weg ein Körnchen findet,
muß es plötzlich zur Seite springen,
da der König vorbeikommt.
Weil das Hähnchen dem König ausweichen muß,
verliert es das Körnchen. Traurig geht es zum Schloß,
um das Körnchen wieder zu holen.
Unterwegs nimmt es noch eine Säge,
einen Stein und einen See im Bauch mit.
Vor dem Schloß verlangt es sein Körnchen,
doch wird es vom König eingesperrt.
Dreimal kann es sich aber befreien und kommt mit
Klugheit und Beharrlichkeit ans Ziel.

Es war einmal ein kleines Hähnchen, das fand auf einem Weg ein Körnchen. Und wie es das gerade aufpicken wollte, kam der König mit seinem Gefolge vorbei. Das Hähnchen mußte auf die Seite springen, und als der König weg war, da war auch das Körnchen weg.

«Der König hat mir mein Körnchen gestohlen», sagte das Hähnchen ganz traurig, «also werde ich jetzt zum Schloß gehen, um es mir wieder zu holen.»

Doch der Weg zum Schloß war weit und mühsam, und das Hähnchen wurde ein wenig müde, nachdem es eine Weile gelaufen war. Es kam gerade an einem Wald vorbei. Hier hatte ein Mann mit einer Säge Bäume abgesägt und die Säge an den Waldrand gelegt. Das Hähnchen sprang auf die Säge, um sich etwas auszuruhen. Plötzlich fing die Säge an zu reden und sprach:

«Hähnchen, du schaust ja so traurig aus. Was ist denn mit dir?» – «Ach», sagte das Hähnchen, «der König hat mir mein Körnchen gestohlen, und jetzt bin ich auf dem Weg zum Schloß, um es mir wieder zu holen.»

«Du gehst zum Schloß?» sagte die Säge. «Wenn ich doch da mitgehen könnte!»

«Weißt du was?» sagte das Hähnchen, «ich nehme dich einfach mit. Ich schlucke dich in meinen Bauch, und so kannst du mitkommen.»

Also nahm das Hähnchen die Säge in seinen Bauch und wanderte weiter.

Doch weil der Weg lang und beschwerlich war, mußte es nach einer Weile wieder eine Rast machen.

Da setzte es sich auf einen Felsbrocken, der am Rand des Weges lag, um sich ein wenig auszuruhen. Da fing der Fels auf einmal an zu reden und sprach:

«Hähnchen, du schaust ja so traurig aus. Was ist denn mit dir?»

«Ach», sagte das Hähnchen, «der König hat mir mein Körnchen gestohlen, und jetzt bin ich auf dem Weg zum Schloß, um es mir wieder zu holen.»

«Du gehst zum Schloß?» sagte der Fels. «Wenn ich doch da mitgehen könnte!»

«Weißt du was»? sagte das Hähnchen, «ich nehme dich auch mit. Ich schlucke dich in meinen Bauch, und so kannst du mitkommen.»

Das kleine Hähnchen nahm also den großen Felsbrocken auch noch in seinen Bauch und wanderte weiter.

Weil der Weg aber nun wirklich lang und beschwerlich war, mußte das Hähnchen nach einer Weile wieder eine Rast machen. Es kam gerade an einem großen See vorbei, und weil es sich erfrischen wollte, setzte es sich am Ufer des Sees nieder. Da fing der See auf einmal an zu reden und sprach: «Blub, blub, blub, Hähnchen, du schaust ja so traurig aus. Was ist denn mit dir? Blub, blub, blub!»

«Ach», sagte das Hähnchen, «der König hat mir mein Körnchen gestohlen, und jetzt bin ich auf dem Weg zum Schloß, um es mir wieder zu holen.»

«Blub, blub, blub!» sagte der See. «Du gehst zum Schloß. Wenn ich doch da mitgehen könnte. Blub, blub, blub!»

«Weißt du was?» sagte das Hähnchen, «ich nehme dich auch noch mit. Ich trinke dich aus bis auf den Grund, dann kannst du in meinem Bauch mitkommen.»

Das kleine Hähnchen trank also auch noch den ganzen See leer und nahm ihn mit in seinem Bauch.

Endlich gelangte das Hähnchen vor das Schloß des Königs. Es stellte sich keck vor das große Tor und fing an, ganz laut zu singen:

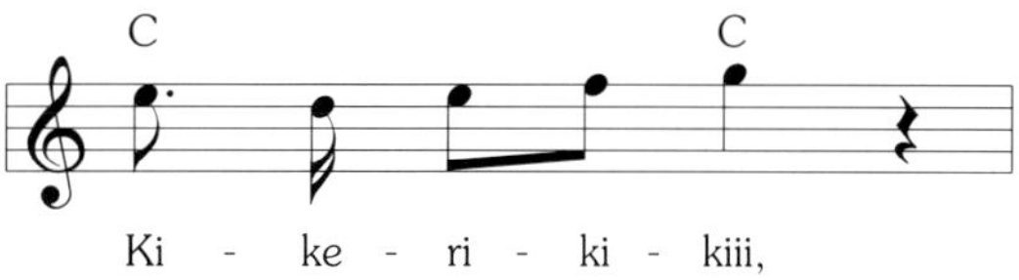

(sprechen):
Ki – ke – ri – ki – kiii!!!

(singen):

(sprechen):
Ki – ke – ri – ki – kiii!!!

(singen):

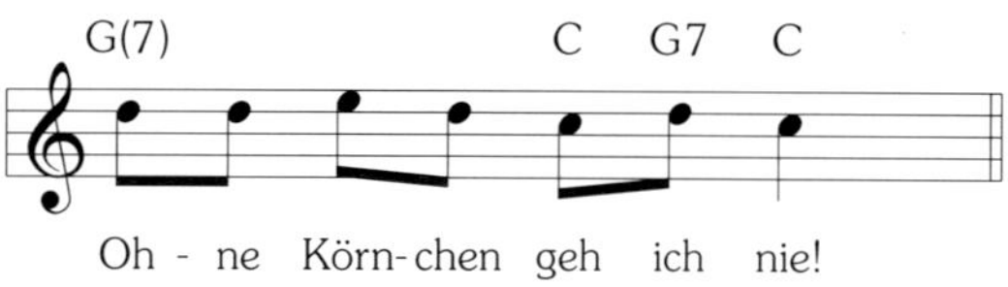

(sprechen):
Ki – ke – ri – ki – kiii!!!

(singen):

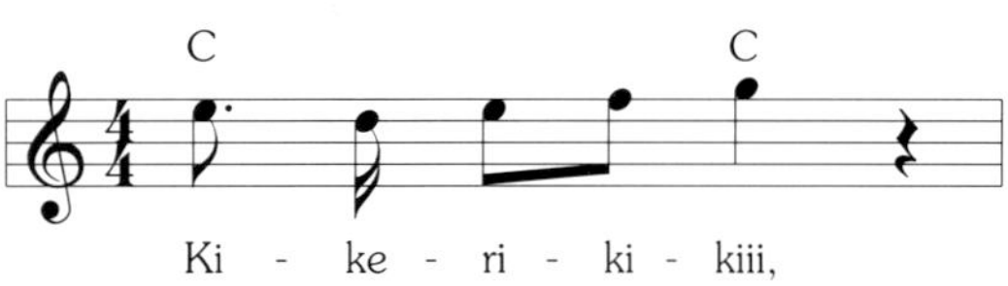

(sprechen):
Ki – ke – ri – ki – kiii!!!

(singen):

(sprechen):
Ki – ke – ri – ki – kiii!!!

(singen):

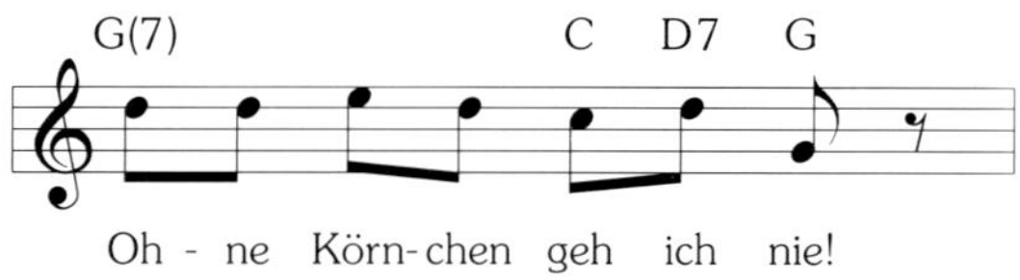

(sprechen):
Nie! Nie! Nie! – Ki – ke – ri – ki – kiii!!!

Als der König das hörte, rief er:
«Was ist denn da draußen vor meinem Schloß für ein Lärm?» Und er schickte die Diener hinaus, die sollten einmal nachsehen.
Als die Diener zurückkamen, sprachen sie:
«Herr König! Da draußen vor dem Schloßtor steht ein kleines Hähnchen und sagt, Ihr hättet ihm ein Körnchen gestohlen. Das will es nun wiederhaben.»
«Ach, papperlapapp!» rief der König, «nehmt das Hähnchen gefangen. Steckt es am besten in den Holzverschlag und macht die Tür zu.» Da fingen die Diener das kleine Hähnchen ein und sperrten es hinter die Holzgitterstäbe.
Aber das Hähnchen war schlau; es dachte nach, und es fiel ihm auch was ein.
Was, glaubt ihr, fiel dem Hähnchen ein?
Richtig: die Säge!

«He, Säge in meinem Bauch», rief das Hähnchen, «komm heraus und säg' die Holzgitterstäbe durch!»
Da kam die Säge aus dem Bauch des Hähnchens heraus und sägte «ritzeratze» die Holzgitterstäbe kurz und klein.
Das Hähnchen war frei, flatterte wieder vor das Schloßtor und begann erneut zu singen (Melodie wie oben):

(singen)
Ki – ke – ri – ki – kiii,

(sprechen):
Ki – ke – ri – ki – kiii!!!

(singen):
Ki – ke – ri – ki – kiii!

(sprechen):
Ki – ke – ri – ki – kiii!!!

(singen):
Ohne Körnchen geh' ich nie!

(sprechen):
Ki – ke – ri – ke – ri – ki – kiii!!!

(singen):
Ki – ke – ri – ki – kiii!

(sprechen):
Ki – ke – ri – ki – kiii!!!

(singen):
Ohne Körnchen geh' ich nie!

(sprechen):
Nie! Nie! Nie! Ki – ke – ri – ki – kiii!!!

Als der König das hörte, war er sehr wütend und rief:
«Da ist das Hähnchen ja schon wieder!» Und er befahl den Dienern:
«Nehmt es gefangen, steckt es in einen Krug und macht den Deckel drauf!»
Da fingen die Diener das kleine Hähnchen ein und sperrten es in einen Glaskrug.
Aber das Hähnchen war schlau; es dachte nach, und es fiel ihm auch was ein.
Was, glaubt ihr, fiel dem Hähnchen jetzt ein?
Richtig: der Felsbrocken!
«He, Stein in meinem Bauch», rief das Hähnchen, «komm heraus und schlag den Krug in Scherben!»
Da kam der Fels aus dem Bauch des Hähnchens heraus und schlug den Krug kurz und klein.
Das Hähnchen war wieder frei, flatterte vor das Schloßtor und begann erneut zu singen (Melodie wie oben):

(singen):
Ki – ke – ri – ki – kiii,

(sprechen):
Ki – ke – ri – ki – kiii!!!

(singen):
Ki – ke – ri – ki – kiii!

(sprechen):
Ki – ke – ri – ki – kiii!!!

(singen):
Ohne Körnchen geh' ich nie!

(sprechen):
Ki – ke – ri – ke – ri – ki – kiii!!!

(singen):
Ki – ke – ri – ki – kiii!

(sprechen): Ki – ke – ri – ki – kiii!!!

(singen): Ki – ke – ri – ki – kiii!!!

(sprechen): Ki – ke – ri – ki – kiii!!!

(singen): Ohne Körnchen geh' ich nie!

(sprechen): Nie! Nie! Nie! Ki – ke – ri – ki – kiii!!!

Ihr könnt euch gar nicht vorstellen, wie wütend der König war, als er das Hähnchen wieder vor seinem Schloß schreien hörte. Also befahl er seinen Dienern nochmals: «Nehmt das Hähnchen nun endlich gefangen und werft es ins Kaminfeuer!»
Da fingen die Diener das kleine Hähnchen wieder ein und warfen es in das Kaminfeuer.
Aber das Hähnchen war auch diesmal schlau; es dachte nach, und es fiel ihm was ein.
Was, glaubt ihr, fiel dem Hähnchen jetzt ein?
Richtig: der See!
«He, Wasser in meinem Bauch», rief das Hähnchen, «komm heraus und lösch das Feuer aus!»
Da kam das Wasser aus dem Bauch des Hähnchens heraus und löschte das Feuer aus. Doch dann wurde der See so groß und so gewaltig, daß er das ganze Schloß umspülte.
Als der König das viele Wasser sah, rief er: «Mein Schloß droht ja im See zu versinken. Schnell, schnell, holt das Hähnchen her, nun will ich es selber fragen, was es möchte.»
Da führten die Diener das Hähnchen vor den König, und der König sprach: «Nun, Hähnchen, was forderst du von mir»?

Da fing das Hähnchen an und sang (Melodie wie oben):

(singen): Ki – ke – ri – ki – kiii,

(sprechen): Ki – ke – ri – ki – kiii!!!

(singen): Ki – ke – ri – ki – kiii!

(sprechen): Ki – ke – ri – ki – kiii!!!

(singen): Ohne Körnchen geh' ich nie!

(sprechen): Ki – ke – ri – ke – ri – ki – kiii!!!

(singen): Ki – ke – ri – ki – kiii!

(sprechen): Ki – ke – ri – ki – kiii!!!

(singen): Ki – ke – ri – ki – kiii!!!

(sprechen): Ki – ke – ri – ki – kiii!!!

(singen): Ohne Körnchen geh' ich nie!

(sprechen): Nie! Nie! Nie! Ki – ke – ri – ki – kiii!!!

Da schenkte der König dem Hähnchen einen ganzen Sack voller Körner. Und siehe da: Das Wasser schwamm davon, der Fels legte sich wieder an den Weg, und die Säge lief zurück zum Wald.
Das Hähnchen nahm den Sack voller Körner, bedankte sich artig beim König und ging nach Haus.
Deshalb ist mein Märchen aus!

12.

DER VIELFRASS

Ein indisches Märchenmotiv

Ein weiser alter Mann lebt mit einem Jungen im Wald.
Um sich zu ernähren, sammeln sie Beeren und Pilze.
Dabei entwickelt der Junge immer einen großen Appetit.
Eines Tages schickt der Alte den Jungen durch die
umliegenden Dörfer, um Wintervorräte einzuholen.
Da der Alte gerne Apfelküchlein ißt, soll der Junge
ihm von diesen Köstlichkeiten einige mitbringen.
Dieser sammelt dann auch sechzehn Kuchen, ißt sie aber
auf dem Heimweg bis auf einen halben auf.
Verständlicherweise ist der Alte darüber sehr erbost.
Die «Vielfräßigkeit» des Jungen erlangt den Höhepunkt,
als er auch noch den halben Kuchen
vor den Augen des Alten aufißt.

In einer kleinen Hütte mitten im Wald lebte vor langer Zeit ein guter alter Mönch. Er dachte viel nach über Gott und die Welt, und jeder, ob Mensch oder Tier, konnte auf seine Hilfe zählen.
Nun wohnte mit dem Alten zusammen ein Junge, der sollte ihm zur Hand gehen, Beeren und Pilze sammeln und von der Weisheit des Alten lernen.
Da er mehr nicht tragen konnte, machte er sich wieder auf den Weg nach Haus.
Doch der Weg in den Wald war weit, und der Duft der warmen Kuchen stieg ihm in die Nase.
Und weil der Alte ein guter und gerechter Mann war, würde er ihm sicher die Hälfte überlassen. So dachte er:

Doch der Junge war ein arger Vielfraß. Was immer er auch an guten Früchten heimbrachte, hatte er schon angeknabbert.
Eines Tages nun, als der Sommer sich langsam verabschiedete und der Herbst seine bunten Blätter malte, sprach der Alte zu dem Jungen:
«Geh durch die Dörfer und sammle Vorräte für den Winter ein. Aber denk auch daran, daß ich gern Süßes esse. Bring also, wenn du kannst, die guten Apfelküchlein mit.»
Da zog der Junge los, ging von Dorf zu Dorf, klopfte an die Türen und bettelte für sich und den Alten um Speise. Natürlich fragte er auch nach den Apfelküchlein, die der Alte so gerne aß. Nach einer Weile hatte er nicht nur Brot, Fleisch und Eier, sondern auch sechzehn köstlich duftende Küchlein gesammelt.
Dabei setzte er sich unter einen Baum und fing an – na, was meint ihr wohl?
Richtig: Von den sechzehn Küchlein aß er also acht auf.
So blieben ihm nur noch – acht!
Dann stand er auf und ging weiter.
Doch der Weg nach Haus war weit, und die warmen Küchlein dufteten köstlich. Und weil der Alte ein guter und gerechter Mann war, würde er ihm sicher die Hälfte überlassen. Also dachte er (Melodie wie oben):

Mein Herr, das ist ein guter Mann,
der mir die Hälfte geben kann.
Ich habe acht noch hierzuhauf.
drum esse ich jetzt vier schon auf!»

Dabei setzte er sich wieder unter einen Baum und fing an – na, was meint ihr wohl? Richtig: Von den acht Küchlein aß er also vier auf. So blieben ihm nur noch – vier!
Dann stand er auf und ging weiter.

Doch der Weg in den Wald war weit, und die warmen Kuchen dufteten immer noch köstlich. Und weil der Alte ein guter und gerechter Mann war, würde er ihm sicher die Hälfte überlassen. Also dachte er (Melodie wie oben):

«Mein Herr, das ist ein guter Mann,
der mir die Hälfte geben kann.
Ich habe vier noch hier zuhauf,
drum esse ich jetzt zwei schon auf!»

Dabei setzte er sich abermals unter einen Baum und fing an – na – was meint ihr jetzt? Richtig: Von den vier Apfelküchlein aß er also zwei auf. So blieben ihm nur noch – zwei!
Dann stand er auf und ging weiter.

Aber ihr ahnt es schon. Der Weg nach Haus war immer noch weit, und die Küchlein waren noch warm und dufteten köstlich. Und weil der Alte ein guter und gerechter Mann war, würde er ihm sicher die Hälfte überlassen. Also dachte er (Melodie wie oben):

«Mein Herr, das ist ein guter Mann,
der mir die Hälfte geben kann.
Ich habe zwei noch hier zuhauf,
drum esse ich jetzt einen auf!»

Dabei setzte er sich auf einen Baumstamm und aß – na, wieviel wohl?
Richtig: Von den zwei Apfelküchlein aß er also eines auf. So blieb ihm jetzt nur noch ein einziges.
Dann stand er auf und ging weiter.

Aber – ob ihr's glaubt oder nicht –, auch der eine Kuchen duftete noch so köstlich, daß ihm auch hier nach der Hälfte gelüstete. Und weil der Alte ein guter und gerechter Mann war, würde er ihm sowieso die Hälfte überlassen. Also dachte er (Melodie wie oben):

«Mein Herr, das ist ein guter Mann,
der mir die Hälfte geben kann.
Ich habe einen noch zuhauf,
drum eß den halben ich jetzt auf!»

Dabei stopfte er im Weitergehen auch noch den halben Kuchen in den Mund. So blieb ihm nur noch ein halber, als er in der Hütte des Alten ankam. Er gab ihm das Brot, das Fleisch und die Eier – und das halbe Apfelküchlein. «Was»? rief der Alte erstaunt, «von den guten Kuchen hast du nur einen halben bekommen?» – «Nein», sagte der Junge nach einer Weile verlegen, «es waren sechzehn an der Zahl.»
«Sechzehn gute Apfelküchlein», sprach der Alte und schlug die Hände über dem Kopf zusammen, «wo hast du sie denn alle gelassen?»
«Ich, ich habe sie aufgegessen», sagte der Junge. «Aufgegessen!» rief der Alte zornig, «wie hast du denn sechzehn Kuchen aufgegessen?»
Da nahm der Junge das halbe Apfelküchlein, das er noch in der Hand hielt, stopfte es vor den Augen des Alten in den Mund und sprach: «So!» Und damit verschluckte er den Rest auch noch.

13.

DIE SUPPE AUS KIESELSTEINEN

Ein portugiesisches Märchenmotiv

Eine geizige Bauersfrau verwehrt einem armen Bettelmädchen eine warme Mahlzeit. Da greift das Kind zu einer List, indem es nur einen Topf voll Wasser erbittet, um sich eine Kieselsteinsuppe zuzubereiten. Aus lauter Neugier erfüllt die Bauersfrau diesen Wunsch. Doch während der Topf mit Wasser und Kieselsteinen auf dem Herd kocht, möchte das Kind auch noch Salz, eine Zwiebel, Wurzelwerk und ein wenig Hühnerfleisch. Ohne, daß die Bauersfrau es merkt, wird sie von dem kleinen Mädchen an der Nase herumgeführt. Zum Schluß ißt das Kind eine vorzügliche Hühnersuppe und schenkt aus «Dankbarkeit» der Frau die Kieselsteine.

Da ist einmal zur Mittagszeit ein armes kleines Mädchen ins Dorf gekommen und hat bei einer Bauersfrau an die Tür geklopft, um eine warme Mahlzeit zu erbitten. Aber da kam das Mädchen an die Unrechte. Kaum hatte es geklopft, da schlurfte die Frau heran, öffnete einen Spalt breit die Tür und rief: «Was willst denn du?»
«Ach, gute Frau», sprach das Kind, «ich hätte gern etwas Warmes zu essen, denn mein Hunger ist groß. Schon lange habe ich nichts mehr bekommen.»
und sprach: «Erlaubt mir bitte, daß ich meine Suppe auf eurem Feuer kochen darf!»
Die Bauersfrau platzte schon vor Neugier und öffnete bereitwillig die Tür. Mitten im Raum stand ein großer Herd, in dem ein schönes Feuer flackerte. Das Mädchen stellte den Wassertopf mit den Kieselsteinen auf den Herd, nahm einen Löffel und fing an, in dem Topf herumzurühren, daß die Steine munter umherpolterten. Dabei sang es:

«Ich kann nichts hergeben«, rief die Geizige und wollte die Tür zuschlagen.
«Aber bitte», sprach das Mädchen, «so gebt mir doch wenigstens einen Topf, dann kann ich mir eine Kieselsteinsuppe zubereiten.»
«Eine Kieselsteinsuppe?» wiederholte die Frau und wurde neugierig.
«Was ist denn das?»
Das Mädchen bückte sich blitzschnell, hob drei Kieselsteine auf, die dort auf der Erde lagen, und putzte sie an seinem Kleid sauber, während seine Augen listig funkelten.
Die Bauersfrau hatte dies gar nicht bemerkt. Sie war bereits in die Küche gegangen, um einen irdenen Topf zu holen. «Nun will ich sehen, wie du aus Kieselsteinen eine Suppe machst», rief sie belustigt und stemmte ihre dicken Arme in die Seite.
Das Mädchen lief zum Brunnen vor dem Haus und schöpfte den Topf voll Wasser. Dann legte es die drei Kieselsteine hinein
Nach einer Weile schöpfte das Mädchen einen halben Löffel Wasser heraus und schmeckte es mit den Lippen vorsichtig ab. «Mm», sagte es, «sie ist ja schon ganz gut, doch ein wenig **Salz** könnte nicht schaden.» Dabei schaute es die Frau aus den Augenwinkeln bittend an.
Die Bauersfrau ging lachend und kopfschüttelnd zum Schrank und holte ihren Salztopf. Das Mädchen nahm etwas Salz zwischen die Finger und streute es ins kochende Wasser. Dann rührte es wieder mit dem Löffel herum, daß die Kieselsteine nur so polterten. Dabei sang es:

«Koche, koche, koche fein,
die Suppe wird bald fertig sein!»

Nachdem es nochmals abgeschmeckt hatte, sagte es: «Mm, sie wird immer besser; doch eine **Zwiebel** würde das Ganze noch verfeinern.» Weil die Neugier der Bauersfrau immer größer wurde, reichte sie dem Mädchen eine dicke Zwiebel, die in einem Korb lag. Das Mädchen nahm ein Messer, hackte die Zwiebel in kleine Stücke und rührte sie in den Topf. Dabei sang es:

«Koche, koche, koche fein,
die Suppe wird bald fertig sein!»

Dann schmeckte das Mädchen noch einmal ab und sprach: «Wenn ihr ein wenig **Wurzelwerk** (Möhren, Sellerie und Petersilie) hättet, könnte die Suppe erst richtig gut werden.»
Die Bauersfrau ging also in den Garten hinaus, holte frische Möhren, Sellerie und Petersilie und legte alles auf den Tisch. Mit flinken Händen schnitt das Mädchen das Wurzelwerk in den Topf und rührte kräftig darin herum.
Dabei sang es:

«Koche, koche, koche fein,
die Suppe wird bald fertig sein!»

«Nun», rief die Bauersfrau belustigt, «ist deine Kieselsteinsuppe bald fertig?»
«Wenn ihr noch eine paar Brocken **Hühnerfleisch** hättet», sprach das Mädchen, «so käme die Suppe zur richtigen Vollendung!»
Weil die dumme Frau immer noch nicht gemerkt hatte, daß das Mädchen sie an der Nase herumführte, so holte sie zu guter Letzt auch noch das Hühnerfleisch aus dem Keller. Das Mädchen schnitt das Fleisch in den Topf, und der köstliche Duft der Hühnersuppe erfüllte die ganze Küche.
Dabei sang das Mädchen:

«Koche, koche, koche fein,
die Suppe wird bald fertig sein!»

Es rührte noch einige Male herum, nahm dann den Topf vom Herd und stellte ihn auf den Tisch.
Während das Mädchen genüßlich die gute Suppe auslöffelte, schüttelte die Bauersfrau immer wieder verwundert ihren Kopf und sprach (Melodie wie zuvor):

«Nein, nein! Wer hätte das gedacht,
daß man aus Steinen Suppe macht!»

Das Mädchen schleckte den Topf bis auf den Grund aus, so daß nur noch die drei Kieselsteine übrig blieben.
Weil die Bauersfrau aber so gierig in den Topf schaute, sprach das Mädchen: «Behaltet die Steine, so könnt ihr euch selber jederzeit eine Kieselsteinsuppe zubereiten.»

Dann sprang es lachend zur Tür hinaus,
und darum ist das Märchen aus!

14.

DIE HILFREICHEN MÄNNLEIN

Ein deutsches Märchenmotiv

Ein armer Bäcker erfährt auf wundersame
Weise nächtliche Hilfe: Drei kleine Männlein
backen köstliche Weihnachtskuchen und verhelfen
ihm so zu Ansehen und Wohlstand.
Als der Bäcker und seine Frau heimlich beobachten,
wer ihnen hilft,
möchten sie sich bei den dreien bedanken.
So näht die Bäckersfrau feine Kleider,
die sie dann vor Weihnachten anstelle
der Backwaren auf den Tisch legen.
Als die Männlein die Kleider angezogen haben,
springen sie lachend davon
und werden nie mehr gesehen.

Es war kurz vor Weihnachten, da saß ein armer Bäcker in seiner Backstube und war traurig, denn er hatte nur noch Mehl zu einem einzigen Kuchen.
So stellte er am Abend das bißchen Mehl – aber auch Butter, Zucker, Milch und Eier – auf den Tisch, um am nächsten Morgen in aller Frühe den Teig anzurühren.
Dann legte er sich zu Bett und schlief bald darauf ein. Als er am anderen Morgen an die Arbeit gehen wollte, wunderte er sich sehr. Auf dem Tisch stand ein feiner runder Kuchen, der war so schön und herrlich verziert, daß bald darauf eine Frau eintrat und den Kuchen kaufte. Und weil er so gut aussah und so köstlich duftete, zahlte sie mehr, als üblich war. So konnte der Bäcker zum Müller gehen und Mehl für zwei Kuchen besorgen.
Am Abend stellte er das Mehl mit Butter, Zukker, Milch, Eiern und ein paar Nüssen auf den Tisch, um am nächsten Morgen in aller Frühe mit dem Backwerk zu beginnen.
Doch als er am Morgen an die Arbeit gehen wollte, da standen zu seiner großen Verwunderung wieder zwei feine runde Kuchen fix und fertig auf dem Tisch, und ihr köstlicher Duft erfüllte die ganze Backstube.
Kurz darauf fanden sich auch zwei Käuferinnen ein, die dem armen Bäcker so viel Geld gaben, daß er nun Mehl und Backzutaten für noch mehr Kuchen kaufen konnte.
Und siehe da: Nachdem er auch diesmal am Abend alles auf den Tisch gestellt hatte, standen am nächsten Morgen vier feine runde Kuchen duftend auf dem Tisch.
Die Kunde von den guten Weihnachtskuchen des Bäckers verbreitete sich schnell, und so waren nach kurzer Zeit auch diese Leckereien bald verkauft.
Nun ging es immer weiter so. Er kaufte Mehl, Butter, Zucker, Milch, Eier, Nuß- und Mandelkerne; stellte abends alles auf den Tisch, und wenn er am anderen Morgen aufstand, war alles aufs beste zubereitet. Nach einiger Zeit hatte der Bäcker wieder ein gutes Geschäft und ein sicheres Auskommen.
Es waren nur noch wenige Tage bis zum Weihnachtsfest, da sprach der Bäcker zu seiner Frau: «Ich wüßt' schon ganz gern, wer uns Nacht für Nacht so wunderbar zur Hand geht.»
Da sprach die Frau: «Laß uns doch die kommende Nacht aufbleiben und hinter den Mehlsäcken verstecken. Dann werden wir ja sehen, was sich tut.» Also stellte der Bäcker am Abend alles wieder auf den Tisch: Mehl, Butter, Zucker, Milch, Eier, Nuß- und Mandelkerne. Dann zündeten sie ein Licht an, um besser sehen zu können, und hockten sich hinter die Mehlsäcke.
Um Mitternacht sprangen plötzlich drei kleine Männlein, mit Bäckerschürzen bekleidet, zur Tür herein, hüpften auf den Backtisch und fingen an, mit ihren flinken Händen zu wiegen, zu rühren, zu kneten, zu mischen und zu formen, daß es eine wahre Freude war, ihnen zuzusehen. Dabei sangen sie:

Nach kurzer Zeit hatten sie alles zu feinen runden Kuchen verarbeitet, heizten den Ofen an und schoben das leckere Backwerk hinein. Dann räumten sie die Backstube auf, und als die Kuchen fertig waren, stellten sie einen nach dem andern auf den Tisch, besahen sich nochmals ihr Werk und sprangen dann zur Tür hinaus, so schnell, wie sie gekommen waren. Dem Bäcker und seiner Frau stand vor Staunen der Mund weit offen.

Da sprach die Frau zum Bäcker: «Die drei kleinen Männer haben uns geholfen. Wir wollen uns dafür dankbar zeigen!» Der Bäkker war einverstanden, und sie kamen überein, den kleinen Männern zu Weihnachten ein Geschenk zu machen. Weil sie so verschlissene Hosen und Jacken trugen, wollte die Frau ihnen neue Kleider nähen.

Wenige Tage vor Weihnachten legten sie die Kleidungsstücke anstelle der Backwaren auf den Tisch und verbargen sich wieder hinter den Mehlsäcken, ohne zu vergessen, ein Licht anzuzünden. Um Mitternacht sprangen die drei Männlein wieder zur Tür herein und wollten mit der Arbeit beginnen. Doch wie erstaunt waren sie, als sie nicht Mehl, Butter, Zucker, Milch, Eier, Nuß- und Mandelkerne fanden, sondern hübsche warme Kleidungsstücke auf dem Tisch lagen.

Da freuten sie sich gewaltig, zogen ihre alten Hosen und Jacken aus, schlüpften in die neuen Kleider und sangen (Melodie wie oben):

«Wir sind die guten Männlein klein
und finden Kleider schön und fein!
Was sollen wir noch rühren,
noch backen und verzieren,
noch länger Bäcker sein?»

Dabei lachten und tanzten sie auf dem Tisch herum. Zuletzt aber sprangen sie zur Tür hinaus und wurden von Stund' an nicht mehr gesehen.

Der Bäcker war inzwischen ein wohlhabender Mann geworden, der auch ohne weitere Hilfe gut leben konnte.

Doch er vergaß nie, wer ihm zu diesem Reichtum verholfen hatte.

Und manchmal, zur Weihnachtszeit, wenn er in der Backstube stand und den Kuchenteig bearbeitete, dachte er an seine kleinen Helfer und summte leise vor sich hin (Melodie wie oben):

«Ich dank den guten Männlein klein
sie backten Weihnachtskuchen fein.
Sie kneteten und rührten,
sie backten und verzierten
den Weihnachtskuchen fein!»

15.

WÜNSCH DIR WAS

Ein Märchenmotiv aus Ungarn

Eine Fee verspricht zwei armen Leuten drei Wünsche zu erfüllen.
Die Frau, die gerade das Essen zubereitet,
wünscht sich deshalb eine Wurst.
Der Mann schimpft mit ihr ob des geringen Wunsches,
und weil er so heftig gestikuliert, stößt er die Wurst ins Feuer.
Daraufhin wünscht die verärgerte Frau dem Mann
die Wurst an die Nase, wo sie auch gleich hängenbleibt.
Nachdem sich die Wurst nicht mehr von der Nase lösen läßt,
steht der dritte Wunsch fest: Die Wurst soll wieder zurück in die Pfanne.
Damit sind die drei Wünsche vertan,
und beide sind genauso arm wie zuvor.

In Ungarn lebten einmal ein armer Mann und eine arme Frau. Beide liebten sich und hatten immer ein gutes Wort füreinander. Doch wegen ihrer großen Armut gerieten sie auch manchmal in Streit.
Eines Tages nun, zur Winterszeit, als draußen der Frost Eisblumen an die Fensterscheiben malte, ging der Mann hinaus in den Wald, um Holz für das Herdfeuer zu holen. Die Frau blieb in der Hütte zurück und zerbrach sich den Kopf darüber, was sie wohl zum Essen zubereiten sollte, denn der strenge Winter hatte nicht sehr viel übriggelassen.
So machte sie ein kleines Feuer an und setzte einen Kessel mit Wasser auf, dachte über ihre große Armut nach und war traurig, daß sie ihren Mann noch nicht einmal mit einem guten Essen überraschen konnte.
Während sie so dasaß und grübelte, hörte sie plötzlich hinter sich ein seltsames Geräusch, und als sie sich umdrehte, sah sie eine wunderschöne Fee dastehen. Ungarische Feen – das müßt ihr wissen – wohnen im Winter in den Pelzmänteln der Menschen. Dort schlüpfen sie hinein, wenn es draußen kalt und ungemütlich wird. Und um sich dankbar zu erweisen, erscheinen sie den Menschen, um ihnen zu helfen. Die Fee lächelte und sang:
Mit diesen Worten verschwand sie ebenso schnell, wie sie gekommen war. Die arme Frau wollte ihren Augen und Ohren nicht trauen. Doch wenn es so sein sollte, dann stand ihr erster Wunsch schon fest.
Sie wünschte sich eine gute Wurst zum Mittagessen.
Was hättet ihr euch denn gewünscht?
Na?
Kaum hatte sie diesen Wunsch ausgesprochen, fiel aus dem Rauchfang eine Pfanne, und darin lag eine wunderbar dicke und lange Wurst. Sie brauchte die Pfanne nur noch aufs Feuer zu stellen, denn auch Schmalz war schon reichlich darin. Als der Mann mit einem Bündel Holz hungrig aus dem Wald nach Hause kam, da sperrte er vor Staunen Mund und Nase auf. Die ganze Hütte war von ungewohnt guten Gerüchen angefüllt. Nun erzählte die Frau, was sich zugetragen hatte. Beide überlegten sofort die zwei nächsten Wünsche.
Der Mann wollte ein Pferd, eine Kuh oder ein Ferkel. Die Frau wollte einen neuen Pelz, hübsche Kleider oder Schmuck.
So konnten sie sich nicht einigen und stritten immer heftiger miteinander. Dabei schlug der Mann mit seinen Armen wild um sich, so daß er bald die Pfanne umstieß und die gute Wurst ins Feuer fiel.

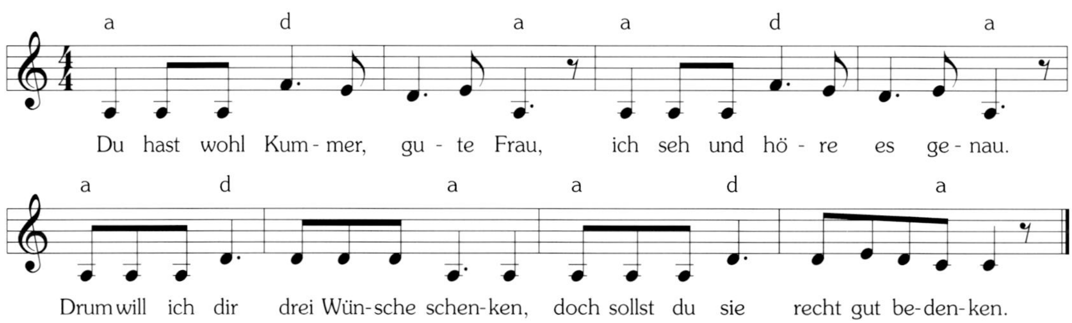

Die Frau wurde noch wütender und rief ihrem Mann zu: «Du Tolpatsch! Da siehst du, was du angerichtet hast. Am besten wäre dir die Wurst an die Nase gewachsen, statt nun im Feuer zu liegen.»
Aber – o Schreck!!!
Kaum hatte die Frau dies ausgesprochen, da hing die Wurst dem Mann auch schon an der Nase und baumelte herunter bis zu den Knien.
Im ersten Augenblick war die Frau nicht einmal erschrocken, sondern versuchte, dem Mann die Wurst wieder von der Nase herunterzureißen. Aber sosehr sie sich mühte, es half nichts. Die Wurst war fest an der Nase angewachsen. Nun erschrak die arme Frau sehr, denn jetzt hatten sie nur noch einen einzigen Wunsch frei.
Aber – was sollte mit der Wurst geschehen? «Wir wollen sie abschneiden», sagte die Frau. «Das lasse ich nicht zu», rief der Mann, «soll ich denn alle Zeit mit einem Wurstende an der Nase herumlaufen? Wenn es nun einmal so gekommen ist, wollen wir die Wurst in die Pfanne zurückwünschen, und damit ist die Sache erledigt.» – «Ja, aber was wird aus dem Pferd oder dem neuen Pelzmantel?» sagte die Frau traurig.
Doch der Mann sprach: «Ich kann doch mit einem solchen Wurstbart, der mir obendrein noch aus der Nase wächst, nicht herumlaufen. Die Leute würden mich auslachen, und arbeiten kann ich damit auch nicht.»
Es blieb den beiden also nichts anderes übrig, als mit dem dritten Wunsch die Wurst in die Pfanne zurückzuwünschen. Nun erst konnten sie sich zum Essen hinsetzen. Aber der gute Bissen schmeckte ihnen nicht so recht, denn sie stritten darüber, wer wohl schuld daran sei, daß sie nun genauso arm bleiben würden wie eh und je. (Melodie wie oben)

«Wer glaubt, das Wünschen sei nicht
schwer,
der soll's versuchen, bitte sehr!
Doch denkt gut nach und seid bescheiden,
sonst geht es euch wie hier den beiden!»

16.

DAS SCHLAUE FERKEL UND DIE WÖLFE

Ein nordisches Märchenmotiv

Ein frierender Wolf dringt nach mehrmaligen Versuchen
in das Haus des Ferkels ein.
Das Ferkel fängt den Wolf in einem Sack
und überschüttet ihn mit heißem Wasser.
Dann läuft es in den Wald hinaus
und versteckt sich auf einer Tanne.
Der Wolf sucht mit anderen Wölfen nach dem Ferkel,
und als sie es finden, steigen sie,
Rücken auf Rücken, an der Tanne hinauf.
Als die Wölfe das Ferkel packen wollen, droht es ihnen an,
sie mit heißem Wasser zu überbrühen.
Vor Schreck purzeln alle Wölfe herunter und nehmen Reißaus.
Glücklich und zufrieden lebt das Ferkel
seit dieser Zeit in seinem Haus.

Vor langer Zeit lebte einmal ein kleines rosiges Ferkel inmitten eines großen und dichten Waldes ganz allein in einem winzigen Haus. Als das Ferkel sich eines Wintertags über dem Herdfeuer ein Essen machen wollte, klopfte es draußen an die Tür. Das Ferkel schaute hinaus und sah den Wolf, der zitternd vor Kälte mit den Zähnen klapperte und jammerte:

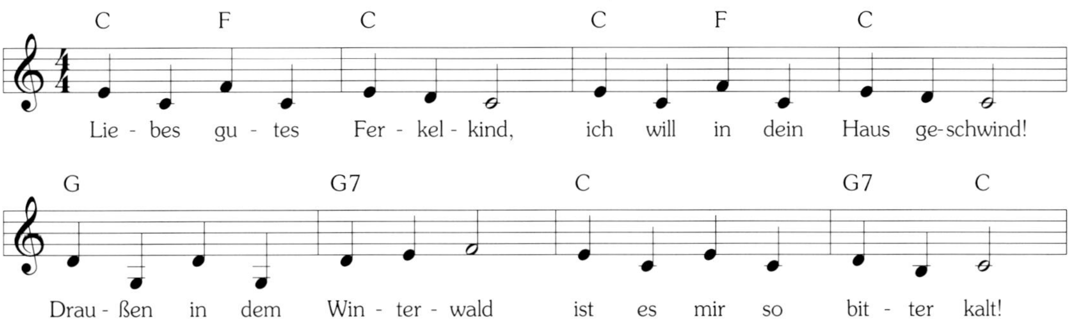

Dabei kratzte er höflich mit seiner Pfote an der Tür des kleinen Hauses. Aber das Ferkel rief: «Nein, Meister Wolf, ich trau dir nicht, du willst mich nur zum Nachtgericht!» Doch der Wolf bemühte sich mit lieblicher Stimme, das Ferkel umzustimmen (Melodie wie oben):

«Liebes gutes Ferkelkind,
ich will in dein Haus geschwind!
Nur mit **einem** Hinterbein
laß mich durch die Tür herein!»

Klopfenden Herzens öffnete das Ferkel einen Spaltbreit die Tür und erlaubte dem Wolf, **ein** Hinterbein in sein warmes Haus zu stellen.
Dann holte es schnell einen großen Kessel, füllte ihn mit Schnee, warf noch etwas Holz aufs Feuer und setzte den Kessel darauf. Nachdem der Schnee geschmolzen war, sprudelte bald kochendes Wasser.
Da rief der Wolf abermals mit lieblicher Stimme (Melodie wie oben):

«Liebes gutes Ferkelkind,
ich will in dein Haus geschwind!
Auch mein **zweites** Hinterbein
laß noch durch die Tür herein!»

Weil das Ferkel große Angst vor dem Wolf hatte, wollte es ihn milde stimmen und erlaubte ihm auch das. So stellte der Wolf nun sein **zweites** Hinterbein durch die Tür.
Währenddessen rannte das Ferkel zum Herdfeuer und warf noch ein paar Holzstücke hinein.
Der Wolf war aber immer noch nicht zufrieden und ließ sich nach einer Weile erneut vernehmen (Melodie wie oben):

«Liebes gutes Ferkelkind,
ich will in dein Haus geschwind!
Meine beiden Vorderbein'
wollen auch zu dir herein!»

Nachdem das Ferkel dem Wolf schon erlaubt hatte, seine Hinterbeine ins Haus zu stellen, konnte es sich der neuen Bitte nicht wider-

setzen und öffnete die Tür noch weiter. Dann rannte es wieder zum Herd und sah nach, ob das Wasser schon richtig heiß war.
Ja, es brodelte und zischte!
Da rief der Wolf abermals (Melodie wie oben):

«Liebes gutes Ferkelkind,
laß mich **ganz** ins Haus geschwind!
Draußen in dem Winterwald
ist es mir so bitter kalt!»

Und während er sprach, kam er langsam rückwärts in das Haus herein. Das Ferkel nahm schnell einen großen Sack und hielt ihn offen dem Wolf entgegen, so daß dieser geradewegs hineinlief. Kaum war der Wolf im Sack, da band ihn das Ferkel mit letzter Kraft zu, packte den Kessel mit heißem Wasser und schüttete ihn über dem Wolf aus. Dann rannte es, so schnell es konnte, aus dem Haus in den Wald hinein, um sich hoch oben auf einer Tanne zu verstecken. Der Wolf schrie und strampelte in dem Sack, denn das heiße Wasser war ihm gar nicht gut bekommen.
Endlich gelang es ihm unter vielen Mühen, sich aus dem nassen Sack zu befreien. Schnell lief er in den Wald hinein, um alle Wölfe seines Rudels um Hilfe zu rufen, damit er sich an dem Ferkel rächen konnte.
Bald hatte er sechs Wölfe durch sein lautes Gejammer zusammengerufen. Gemeinsam machten sie sich auf den Weg, um das Ferkel zu suchen. So liefen sie hin und her, schnüffelten hier und dort und steckten ihre Nasen unter Sträucher, Büsche und Schneehaufen.
Nach einer ganzen Weile entdeckten sie das Ferkel endlich auf der Spitze einer hohen Tanne, wo es sich hinter den verschneiten Ästen versteckt hatte. Doch sein rosiges Fell und seine ängstlichen Augen waren von unten zu sehen. Die Wölfe hockten sich unter die Tanne und überlegten, wie sie das Ferkel am besten packen könnten, denn keiner der Wölfe war geschickt genug, um auf diesen Baum zu klettern. Nach langem Palaver hatten sie endlich eine Idee: Sie wollten sich einer auf den Rücken des andern stellen, so konnte der oberste Wolf das Ferkel fassen. Gesagt – getan! Nacheinander stiegen sie auf, so daß langsam ein hoher Wolfs-Turm entstand. Der vom heißen Wasser überschüttete Wolf hatte sich zuunterst aufgestellt, denn er wußte ja, wie gerissen das Ferkel sein konnte. Deshalb wollte er ihm möglichst fernbleiben.
Bald standen sechs Wölfe aufeinander, und der siebte und letzte wollte gerade hochsteigen, da rief das Ferkel mit lauter Stimme in den Wald hinein:

«Hei, ihr Ferkel, eins, zwei, drei,
heißes Wasser bringt herbei!
Die Wölfe woll'n wir überbrühn,
damit sie endlich weiterziehn!»

Als der zuunterst stehende Wolf dies hörte, bekam er einen großen Schreck. Er wußte ja wie es war, mit heißem Wasser überschüttet zu werden. So machte er sich ohne Rücksicht auf die anderen auf und davon.
Weil er aber unten stand, verloren die anderen Wölfe den Halt und purzelten allesamt in den Schnee hinein. Wehklagend humpelte einer nach dem anderen davon. Als alle Wölfe fort waren, kletterte das Ferkel vom Baum und lief munter in sein Haus zurück.
Bis auf den heutigen Tag hat sich kein Wolf mehr in der Nähe des Hauses blicken lassen – und das Ferkel lebt glücklich und zufrieden. Denn: Die Wölfe wissen ganz genau, dieses Ferkel, das ist schlau!

17.

WIE DAS LICHT NACH WINTANIEN GEKOMMEN IST

Ein chinesisches Märchenmotiv

In Wintanien herrschen seit ewiger Zeit Finsternis und Kälte.
Die Menschen sehnen sich nach Licht und Wärme.
Doch die Sonne hat Wintanien vergessen.
So schicken sie eines Tages eine Botin zur Sonne.
Es ist die junge Frau Mareike, die ein Kind erwartet.
Unterwegs schenkt sie einem Jungen das Leben.
Als sie nicht mehr weiterwandern kann,
setzt der Junge den Weg fort
und bringt das ersehnte Licht nach Wintanien.
Seit dieser Zeit feiern die Menschen am dunkelsten
Tag des Jahres ein Lichterfest, um sich dankbar
an Mareike und ihren Sohn zu erinnern.

Erzählen möcht' ich, liebe Leute, ein Winter-Sonnen-Märchen heute. Wie in dem Land Wintanien dann endlich auch die Sonne schien.

Vor langer, langer Zeit regierten nur Finsternis und Kälte, Eis und Schnee das Land Wintanien, denn die Sonne hatte vergessen, ihre hellen und warmen Strahlen dorthin zu senden. Die Menschen von Wintanien wußten zwar, daß es da irgendwo am Himmel ein großes Licht gibt, das Sonne heißt. Aber sie hatten diese Sonne noch nie gesehen. Doch immer wieder flammte in ihnen der Wunsch nach Helligkeit und Wärme auf. Manchmal, wenn sie sich frierend begegneten, klagten sie laut:

«Du Narr», rief ein junger Mann, «wie willst denn du in deinem Alter eine so lange Reise zur Sonne machen? Ich will gehen! Ich bin jung und kräftig, nur **ich** könnte es schaffen!»

Nun meldeten sich immer mehr junge Leute zu Wort. Alle behaupteten von sich, nur **sie** könnten es schaffen. Sie wollten nicht nur zur Sonne laufen, sondern auch bald wieder in Wintanien zurück sein.

Es gab ein wildes Durcheinander, weil einer den anderen überstimmen wollte. Jeder brüstete sich, der Beste zu sein. Bald hätte es einen handfesten Streit gegeben, da rief ein Junge mit heller Stimme in die Runde: «Ihr seid doch **alle** zu alt! – Die Sonne ist sicher sehr weit weg von hier.

Eines Tages, als sie wieder einmal frierend beieinander standen, faßten sie einen Plan. Einer von ihnen sollte zur Sonne gehen, um sie herzlich nach Wintanien einzuladen, damit das ewige Eis und der Schnee, die Finsternis und die Kälte wenigstens zeitweise ein Ende hätten.

Doch wer sollte sich auf eine so lange Reise machen?

Da trat ein alter Mann vor und sprach: «Ich will zur Sonne gehen. Ich bin noch gut zu Fuß, und so könnte ich es schaffen!»

Viel weiter, als wir uns das denken können. Man wird viele, viele Jahre brauchen, um dorthin zu kommen. Laßt mich gehen! Ich bin so jung, daß nur **ich** allein es schaffen kann!»

Nach einer Weile des Nachdenkens riefen alle: «Ja, der Junge hat recht. Der Weg ist weit, viel weiter, als wir gedacht haben. Nur ein ganz Junger kann es wirklich schaffen. Also laßt ihn gehen!»

Und aus lauter Begeisterung über ihren guten Plan sangen sie – aber diesmal mit hoffnungsfroher Stimme (Melodie wie oben):

«Wir leben in Wintanien,
in dunkler, kalter Nacht.
Bald ist auch die Sonne hier,
die hell und freundlich lacht!»

Da trat eine junge Frau in den Kreis. Ihr Name war Mareike.
«Hört zu, ihr Menschen aus Wintanien», rief Mareike, «ihr habt nicht unrecht, wenn ihr glaubt, daß die Sonne sehr weit weg ist.
Doch auch der Junge wird es nicht schaffen, denn der Weg ist noch weiter als eines Menschen Alter. Laßt mich gehen. Ich bin nicht nur gesund und gut zu Fuß, sondern ich erwarte auch ein Kind. Und wenn ich nicht mehr weiter kann, dann wird mein Kind den Weg zur Sonne fortsetzen, um sie für euch zu holen!»
Als die Menschen das hörten, waren sie begeistert und riefen: «Ja, laßt Mareike gehen! Ihr Kind wird uns das Licht bringen!»
So machte sich Mareike auf den langen Weg zur Sonne, um sie zu bitten, mit ihren hellen und warmen Strahlen Eis und Schnee, Finsternis und Kälte aus Wintanien zu vertreiben. Mareike wanderte in die Richtung, in der die Sonne wohnte. Sie stieg über hohe Berge, durchquerte enge Täler und kam durch viele Städte und Dörfer.
Nach einiger Zeit schenkte sie einem gesunden Jungen das Leben und nahm ihn mit auf den Weg. Zuerst trug sie ihn auf dem Rücken, dann lief er an ihrer Hand – und weiter ging's der Sonne entgegen.
Überall, wo sie hinkamen, fanden sie hilfsbereite Menschen, die ihnen Herberge und Wegzehrung gaben. Die Jahre vergingen. Inzwischen war der Junge groß und stark geworden und stützte nun seine Mutter, die älter und schwächer wurde. Bald konnte sie kaum noch gehen und mußte eines Tages erschöpft in einem Dorf zurückbleiben. Der Junge aber wanderte weiter, immer der Sonne entgegen.
Die Menschen in Wintanien schauten Tag für Tag in die Richtung, in die Mareike vor vielen Jahren gewandert war, und warteten auf das Licht. Manchmal, wenn sie sich im Dunkeln begegneten, sangen sie hoffnungsfroh (Melodie wie oben):

«Wir leben in Wintanien,
in dunkler, kalter Nacht.
Bald ist auch die Sonne hier,
die hell und freundlich lacht!»

Doch dann, nach vielen Jahren, als sie alle Hoffnung schon aufgegeben hatten, erschien in weiter Ferne ein Licht, zuerst winzig klein, dann wurde es größer und größer, stieg höher und höher und stand zuletzt in voller Strahlenpracht am Himmel. Die Menschen in Wintanien konnten das Wunder kaum fassen. Das mußte die Sonne sein, das Licht, auf das sie so lange mit Sehnsucht gewartet hatten! Lachend, tanzend und singend zogen sie umher. Endlich war die Sonne auch nach Wintanien gekommen. Voller Dankbarkeit dachten sie an Mareike und ihr Kind. Die Dunkelheit und die Kälte verloren von nun an ihre Macht, denn die Sonne vergaß jetzt nicht mehr, auch in Wintanien zu scheinen.
Seit dieser Zeit wechseln sich Licht und Dunkelheit, Tag und Nacht immer wieder ab, und nach jedem Winter kommt ein neuer Sommer.

Zur Erinnerung an Mareike und ihren Sohn feiern die Menschen einmal im Jahr ein großes Lichterfest, und zwar immer dann, wenn die Tage besonders kurz und die Nächte kalt und lang sind. Denn sie wissen ja nun:

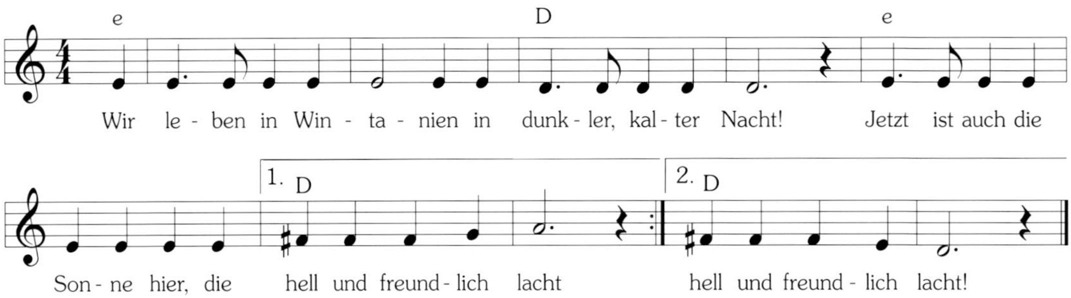